# EXTRAIT

D U

## PROJET D'INSTRUCTION,

P O U R

## L'EXERCICE ET LA MANŒUVRE

## *DE L'INFANTERIE,*

Selon les Principes de l'Ordre françois.

## A PARIS,

### DE L'IMPRIMERIE ROYALE.

M. DCCLXXVIII.

# T A B L E

### D E S

# TITRES ET ARTICLES

Contenus dans cet Extrait.

---

## T I T R E  I V.

---

## T I T R E  V.

---

## T I T R E  V I.

# TITRE VII.

# TITRE VIII.

# TITRE IX.

# TITRE X.

# TITRE XI.

# TITRE XII.

## TITRE XIII.

## TITRE XIV.

## TITRE XV.

## TITRE XVI.

## TITRE XVII.

# AVERTISSEMENT.

ON a raſſemblé dans cet Extrait, tout ce qui concerne l'inſtruction particulière des Régimens, pour les mettre en état d'exécuter les nouvelles Manœuvres. On y a même compris les détails qui appartiennent à celles de pluſieurs Régimens réunis; afin que cette inſtruction leur ſuffiſe pour le premier moment où l'Armée ſe raſſemblera; & que la connoiſſance des objets, vus en grand, facilite aux Officiers l'intelligence des manœuvres d'un ſeul Régiment.

On n'a pas compris dans cet Extrait les articles des maniemens d'armes & de formation, ſur leſquels on ne change rien à la pratique actuelle. C'eſt pour cela qu'on a ſupprimé pluſieurs Titres, & notamment les trois premiers; parce qu'en les inſérant ici, on ne feroit que répéter ce qui eſt preſcrit dans l'Ordonnance de 1776.

La facilité avec laquelle les manœuvres, qui font l'objet de cette inſtruction, ont été appriſes & exécutées en 1775, par les régimens de Limoſin & de la Couronne, ne peut laiſſer douter qu'il n'en ſoit de même pour tous ceux de l'Armée.

*Le peu de temps qui reste d'ici au moment du camp, n'a pas permis de faire graver des planches ; pour y suppléer, & établir l'uniformité, il sera envoyé à toutes les Brigades des Officiers, pour leur donner les éclair- cissemens dont elles croiroient avoir besoin.*

Nota. Les fannions dont il fera parlé dans cette Instruction, devront être d'une étoffe de laine de dix-huit pouces en carré, & des couleurs des drapeaux, le bois fur lequel ils feront attachés aura fix pieds & demi de long ; chaque Régiment fera tenu de s'en pourvoir.

P. S. *A la page 37 de cette Instruction, on a rappelé une Règle générale qui ne s'y trouve nulle part ; parce qu'elle faisoit partie des articles qui n'ont pas été imprimés. La voici :*

« Jamais on n'arrivera jufque fur fon alignement par la marche oblique ; mais
» cette marche portera toujours la Troupe en arrière du point fur lequel elle fe
» dirigera ; de manière que pour achever d'y arriver, il lui refte à faire quelques
» pas directs.

EXTRAIT

# EXTRAIT

### DU

# PROJET D'INSTRUCTION,

*Pour l'Exercice & la Manœuvre de l'Infanterie,*
*selon les principes de l'ordre François.*

## TITRE IV.
### De la Formation.

#### ARTICLE PREMIER.

LES diviſions dans l'Armée, les brigades dans la diviſion, les compagnies dans le bataillon, en un mot toutes les Troupes, grandes ou petites, feront placées entr'elles, dans l'ordre numérique par le centre, les impaires à droite.

Appliquant cette règle à l'ordre des bataillons entr'eux, il réſulte, 1.° Que dans un régiment ſeul, le premier bataillon ſera à la droite: 2.° Que dans une brigade ſeule, le premier régiment aura la droite, le ſecond la gauche; que les deux bataillons de ce dernier, feront placés à l'ordinaire, le premier à droite; mais que dans le premier régiment, le premier

A

bataillon aura la gauche, pour être le plus près du centre de la brigade : 3.° Que dans une divifion ayant un nombre impair de brigades, la brigade du centre fera arrangée comme fi elle étoit feule; mais que dans toutes les brigades de la gauche, le premier régiment aura la droite; & dans chaque régiment, le premier bataillon aura encore la droite: Que dans les brigades de la droite, au contraire, le premier régiment aura la gauche; & dans chaque régiment, le premier bataillon aura encore la gauche, parce que dans ces brigades de la gauche, le côté de la gauche eft le plus près du centre de la divifion; & que la divifion eft le tout, duquel les régimens & les bataillons font les parties.

> *Nota.* On voit que les divifions dont on parle ici, ne font autre chofe que les quatre grandes divifions de l'Infanterie d'une armée, qui font aux brigades ce que les brigades font aux bataillons; & chacune defquelles, dans la marche de l'Armée, forme habituellement fa colonne.

1.ᵉʳᵉ & 2.ᵉ Définitions. Un bataillon fera formé de deux manières; *en bataille,* & cette dénomination fera appliquée à la colonne, formée comme on le verra ci-après; ou bien il fera *déployé,* c'eft-à-dire fur trois rangs.

*Seconde Règle générale.* L'ordonnance en colonne, fera principalement employée pour marcher, manœuvrer & aller à la charge. L'ordre déployé fera deftiné au combat de moufqueterie.

Dans le bataillon déployé, la diftance entre les rangs fera d'un pied, mefuré de la poitrine du Soldat au dos de fon chef-de-file. Chaque Soldat occupera vingt-un pouces dans le rang; de forte qu'un peloton de feize files aura de front quatorze pas de deux pieds; à quoi ajoutant deux pieds pour la file d'Officiers placée à fon flanc, ce front fera en tout de quinze pas ou cinq toifes,

Dans le bataillon en colonne, les files se toucheront sans se gêner, & prendront dans la marche & la manœuvre autant d'aisance qu'il en faudra, sauf à se resserrer un peu en arrivant à l'ennemi; ce qui, pour un si petit front, sera très-facile. On comptera pour le front d'une colonne de dix-huit files, y comprenant les deux files d'Officiers, quinze pas ou cinq toises; & elle les tiendra à peine.

La distance entre les rangs de la colonne, dans les différens cas, sera déterminée ci-après *(Titre VIII, article 1.<sup>er</sup>)*.

Entre deux bataillons déployés, il y aura ordinairement en ligne six toises d'intervalle. Les Grenadiers & Chasseurs feront toujours séparés du bataillon, par un intervalle de deux pas.

Entre les bataillons en bataille, la grandeur des intervalles variera. On reviendra sur ce point *(Titre X, article 3)*.

## ART. 2.

### Divisions du bataillon. Position de ses parties.

UN bataillon se divisera en *deux manches,* droite & gauche; *quatre compagnies; huit pelotons.* De plus, dans son ordre de colonne, il se divisera encore en *quatre sections.*

3.<sup>e</sup> 4.<sup>e</sup> 5.<sup>e</sup> & 6.<sup>e</sup> Définitions.

Dans le bataillon déployé, l'ordre des compagnies, de la droite à la gauche, *(première règle générale)* sera 3.<sup>e</sup>, 1.<sup>ere</sup>, 2.<sup>e</sup> & 4.<sup>e</sup>; & dans les compagnies de manche droite, les premiers pelotons auront la gauche; & dans celles de manche gauche, les premiers pelotons auront la droite.

La manche droite sera donc composée de la première & troisième compagnie; la manche gauche de la seconde & quatrième.

4

Dans le premier bataillon, la première compagnie fera celle du Colonel; dans le fecond ce fera celle du Lieutenant-colonel.

Les quatre fections du bataillon en colonne, feront placées l'une devant l'autre; la première, compofée des premiers pelotons des deux premières compagnies, l'un à côté de l'autre; la deuxième, des feconds pelotons des mêmes compagnies; la troifième, des premiers pelotons des deux dernières. La quatrième fection enfin, des feconds pelotons de ces mêmes dernières compagnies.

.e 8.e & 9.e Définitions.

Le peloton fera toujours fur fix rangs, dans le bataillon en colonne: Alors on l'appellera peloton *formé*. Il fe fub-divifera par le centre, perpendiculairement à fon front, en deux *tranches*, droite & gauche; il fe fubdivifera auffi parallèlement à fon front en deux *tiroirs*, chacun de trois rangs, & qui fe trouveront l'un à côté de l'autre dans l'ordre déployé.

On voit par-là que la tête du bataillon en colonne fera compofée des deux pelotons du centre du bataillon déployé; & que les deux manches fe trouveront dans la colonne à côté l'une de l'autre, chacune ayant fes quatre pelotons l'un devant l'autre.

## A R T. 3.

### *Grenadiers & Chaffeurs.*

LA compagnie de Grenadiers, dans l'ordre de bataille, fera toujours fur trois rangs, & féparée en deux pelotons; le premier placé au flanc droit du premier bataillon (fuppofé avoir la droite); le fecond au flanc gauche du fecond bataillon.

( 5 )

La compagnie de Chaſſeurs, auſſi ſur trois rangs & ſéparée de même, aura ſon premier peloton à la gauche du premier bataillon ( même ſuppoſition ), & ſon ſecond à la droite du ſecond bataillon.

Si le premier bataillon eſt à la gauche, cet ordre ſera inverti ; de ſorte que les Grenadiers feront toujours aux flancs extérieurs du régiment.

Le bataillon étant en colonne, les Grenadiers & Chaſſeurs s'aligneront ſur ſon front, laiſſant entr'eux & lui des intervalles de quatre pas, ſouvent plus grands, pour y placer du canon.

Mais s'il s'agit de ſe mettre en marche, & non pas de manœuvrer ou combattre, les deux pelotons de Grenadiers & Chaſſeurs ſe placeront ſur le front de leur bataillon, l'un à côté de l'autre, & chacun d'eux ſur ſix rangs, ſerrés trois à trois, ou par tiroirs.

### A R T. 4.
#### Places des Officiers & Sergens.

LE premier Capitaine, le premier Lieutenant & le premier Sous-lieutenant de chaque compagnie de Fuſiliers, feront attachés & placés au premier peloton ; les trois autres Officiers au ſecond. Les Sergens feront partagés entre les deux, le Sergent-major, les ſecond & quatrième Sergens au premier peloton ; les trois autres Sergens au ſecond.

#### Places de Feu.

LE peloton étant déployé, le Capitaine ( dans un peloton de manche droite ) ſera à la droite du premier rang, ayant derrière lui, au ſecond, un Sergent ; au troiſième, le Sous-lieutenant ; le ſecond Sergent de ce peloton, un Caporal ;

10.ᵉ
Définition.

le Lieutenant & le Sergent-major, feront en ferre-file, placés de droite à gauche, dans l'ordre où ils viennent d'être nommés. Dans le fecond peloton, le premier Sergent de la compagnie tiendra en ferre-file la place occupée dans le premier par le Sergent-major.

Cet ordre des Officiers & Sergens fera renverfé dans les pelotons de manche gauche.

Dans le peloton de Grenadiers ou Chaffeurs, placé au flanc droit de fon bataillon, le Capitaine fera à la droite de fon premier rang; le Sous-lieutenant à la gauche, deux Sergens aux deux flancs du troifième rang; le Lieutenant en ferre-file, ayant à fa gauche le Sergent-major. Cet ordre fera renverfé dans le peloton placé au flanc gauche de fon bataillon.

Dans le fecond peloton des Grenadiers, le premier Sergent paffera en ferre-file à la droite (ou à la gauche) du Lieutenant, & fera remplacé au flanc du troifième rang par un Caporal.

On attachera trois Sergens au fecond peloton des Chaffeurs, afin qu'il en paffe un en ferre-file, à la gauche (ou à la droite) du Lieutenant.

## Places de Manœuvre.

11ᵉ. Définition.

En même temps qu'un peloton déployé fe formera fur fix rangs, le Capitaine, & à fa fuite les Officiers & Sergens qui étoient au flanc ou en ferre-file, s'avanceront pour fe placer dans le même ordre aux flancs des fix rangs; ce qui mettra au premier le Capitaine, au fecond un Sergent, au troifième le Sous-lieutenant, au quatrième un autre Sergent, au cinquième un Caporal, au fixième le Lieutenant; le Sergent-major (ou celui qui le remplace) reftant feul en ferre-file.

Il y aura, quant à ces places de manœuvre, une différence dans les pelotons de quatrième section, qui conserveront toujours les mêmes serre-files que dans l'ordre déployé; & n'auront à leur flanc extérieur que le Capitaine au premier rang, un Sergent au troisième, & le Sous-lieutenant au sixième.

Toutes les fois que, par quelque manœuvre du bataillon, un peloton d'une section quelconque, se trouvera n'en avoir pas d'autre derrière lui, ses Officiers & Sergens feront placés comme ceux de la quatrième section. *Troisième Règle générale.*

Les Grenadiers & Chasseurs, ne combattant ni ne manœuvrant jamais sur six rangs, n'auront point de places de manœuvres différentes de leurs places de feu; seulement lorsqu'ils doubleront, pour placer sur le front du bataillon leurs deux tiroirs l'un devant l'autre *(ci-devant article 3),* le Capitaine s'avancera au flanc du premier rang, le Sergent suivra, pour se placer au second; le Sous-lieutenant, après avoir laissé passer devant lui le premier tiroir, se portera au troisième; le Lieutenant au quatrième, un Sergent ou Caporal au sixième; le Sergent-major ( ou celui qui le remplace ) restant en serre-file.

## ART. 5.

### *Places de l'État-major.*

LES deux Colonels, le Lieutenant-colonel & le Major, seront à cheval; le Colonel au centre de l'intervalle des deux bataillons : le Colonel en second derrière le centre du premier bataillon, s'il est déployé; à hauteur de son front au flanc extérieur, s'il est en colonne : le Lieutenant-colonel placé de même au fecond bataillon : le Major à côté du Colonel-commandant : l'Adjudant à pied, & en avant du Colonel & du Major.

Il eft bien entendu que les Officiers fupérieurs ne fe tiendront à ces places, qu'autant qu'ils ne fe croiront pas plus utiles ailleurs.

## ART. 6.
### Places des Drapeaux.

LE Drapeau de chaque bataillon fera à la gauche & au fecond rang de la première compagnie.

Il y aura toujours fur le front du bataillon en colonne, deux fannions portés par des Caporaux. Ils fe placeront en avant des deux files extérieures, & ferviront à fixer les alignemens dans la marche & la manœuvre : ( ci-après *Titre X & XI*).

## TITRE V.
### Affemblée & marche des Compagnies.
### Affemblée du Bataillon.
#### ARTICLE PREMIER.
#### Force fuppofée des Compagnies.

POUR pouvoir apporter la précifion néceffaire dans le détail des manœuvres, on fuppofera les compagnies à quatre-vingt-feize hommes fous les armes, & par conféquent les pelotons à quarante-huit, fans compter les Officiers, Sergens & Tambours ; & c'eft d'après cette fuppofition,

fuppofition, qu'on eftimera le terrein néceffaire au front d'un peloton. *( Titre IX, article 6 )*.

Cependant en arrivant fur le terrein d'exercice, encore moins au moment de faire quelque manœuvre, on ne s'arrêtera pas à compter les hommes & à égalifer les divifions: Toute cette difpofition préliminaire, aura été faite à l'inftant de l'affemblée des compagnies ou du bataillon; on aura réglé d'avance, d'après la force effective du bataillon ( que l'on fuppofe le permettre ), que les pelotons feront compofés de quarante-huit hommes ou de feize files fur trois rangs; ceux qui auront de l'excédant en fourniront à ceux qui en manqueront, & s'il refte des furnuméraires, on en formera un peloton derrière le bataillon, commandé felon fa force, par un Officier ou un Sergent.

## . ART. 2.
### *Affemblée des Compagnies au Quartier.*

LES bas Officiers affembleront la compagnie fur trois rangs, par rang de taille de gauche à droite, pour les pelotons de manche droite, les Caporaux formant un rang à part à quatre pas en arrière.

On divifera enfuite la compagnie en deux pelotons, de façon que les quatre places, défignées ci-après pour les Caporaux, reftent vacantes dans chaque peloton; auffitôt après on formera chaque peloton, par les commandemens indiqués *( ci-après Titre VI, article 2 )*; avec cette feule diffé-rence, que ces commandemens feront encore faits par le Sergent-major, & que les pelotons n'auront encore que leurs Fufiliers.

Enfuite le même bas Officier commandera, *Caporaux à*

B

*vos postes*; alors ils se placeront suivant leur rang de taille, à la droite & à la gauche des premier & sixième rangs.

Dans les pelotons de manche gauche, tout ce qu'on vient de voir sera renversé; ces pelotons se formant par la droite, comme celui de manche droite s'est formé par la gauche.

Les Officiers qui se trouveront au rendez-vous en même temps que leurs troupes, après avoir vu former les pelotons par les bas Officiers, se partageront entre les deux; & le Capitaine de chacun commandera :

1. *Ouvrez les rangs.*

2. *Marche.*

Au second commandement, tous les rangs, excepté le dernier, marcheront pour s'ouvrir à deux pas de distance.

LES Officiers feront alors l'inspection.

L'inspection faite, le Commandant du peloton, fera porter les armes, & serrer les rangs en avant: puis commandera, = *Officiers & Sergens à vos postes.* Alors tous & lui-même, se porteront à leurs places de manœuvre: ensuite il commandera, = *l'arme au bras.*

Les pelotons de Grenadiers & Chasseurs s'assembleront & se formeront de la même manière que les autres; seulement en passant de trois à six rangs, les trois premiers rangs de ces Grenadiers & Chasseurs, marcheront quatre pas; afin que les deux tiroirs soient toujours séparés par une petite distance; ils en useront de même dans tous les cas, où leurs tiroirs doubleront l'un derrière l'autre, ne serrant jamais leurs six rangs ensemble, mais seulement trois à trois, *(Titre IV, art. 3 & 4) :* c'est pourquoi ce qui pour les autres compagnies s'appellera, *former le peloton*, pour eux s'appellera, *doubler par tiroirs.*

Les Officiers & Sergens de Grenadiers & Chaffeurs des pelotons qui doivent être au flanc droit du bataillon, fe placeront au flanc droit de leur peloton : de même les Officiers & Sergens du peloton gauche, fe placeront à fon flanc gauche.

Les Caporaux de Grenadiers feront placés fuivant leurs rangs de taille, aux droites & aux gauches des premier & troifième rangs de chaque peloton.

# TITRE VI.
## *Manœuvres de détail.*

### ARTICLE PREMIER.
#### *Règle pour les Alignemens.*

TOUT le bataillon aura la tête à droite, lorfqu'il marchera de front en fimple colonne *( Titre VIII, article 1.er ).* Quatrième Règle générale.

Mais en colonne de moindre front, chaque troupe aura la tête tournée fur fes Officiers; par conféquent tous les pelotons de manche gauche, tête à gauche.

On aura cependant dans la marche oblique, la tête tournée vers le côté où l'on marche.

Dans la marche de flanc, on la tournera vers le côté, où avant cette marche on faifoit *front.*

Dans les mouvemens de converfion, on regardera le côté qui marche; mais on trouvera dans cette inftruction peu d'occafions d'appliquer cette règle, & de faire de tels mouvemens de pied-ferme.

B ij

Toutes les fois qu'une troupe arrivera fur un alignement quelconque, après une autre déjà placée, elle aura la tête tournée fur celle-ci : ainfi dans le déploiement *(Titre IX, article 6)*, toute la manche droite aura tête à gauche, & réciproquement.

## A R T.  2.

### *Déployer & reformer le Peloton.*

*Cinquième Règle générale.* Dans tous les cas, & ce principe eft général, quelle que foit la force de la troupe à laquelle il s'applique, tout doublement en profondeur, fe fera ( pour une troupe de droite ) en avançant la partie gauche d'une quantité de terrein égale à celui qu'elle occupe en profondeur, & en faifant doubler derrière elle la partie droite, qui pour cela marchera par fa gauche.

Tout doublement de front fe fera par les dernières troupes, qui fe porteront à la droite des premières qui ne bougeront.

Dans les troupes de gauche, ces doublemens fe feront par les mêmes principes, en fens contraire.

### *Pour déployer le Peloton.*

#### COMMANDEMENS FAITS PAR LE CAPITAINE.

1. *Peloton, déployez*

2. *Marche.*

3. *Front = alignement ( ou à gauche alignement ).*

Au premier commandement, le Sergent qui eft au flanc du deuxième rang, marchera par la droite ( *ou* la gauche ) fi pas alongés de deux pieds & demi, pour prendre la diſtance ( ci-après *Titre IX, article 6*) , au bout de laquelle il s'arrêtera & fera front ; & le deuxième tiroir fera à droite ( *ou* à gauche ).

LE deuxième commandement ne s'adreſſe qu'au deuxième tiroir, le premier ne bougeant. A ce commandement, le Capitaine & le Sous-lieutenant quittent le flanc du premier tiroir, & vont ſe placer devant & derrière le Sergent.

AU troiſième, lorſque la première file arrivera à hauteur de ce Sergent, le deuxième tiroir s'alignera avec le premier.

En même temps que le deuxième tiroir entrera dans ſa place, entre le premier & la file du Capitaine , Sergent & Sous-lieutenant, le Lieutenant & les autres Sergens prendront leurs places de feu.

## *Pour remettre le Peloton ſur ſix rangs.*

COMMANDEMENS FAITS PAR LE CAPITAINE.

1. *Formez le Peloton.*

2. *Marche.*

3. *Front* = *alignement (* ou *à gauche alignement ).*

AU premier commandement, le premier tiroir fera bruſquement deux pas, le deuxième fera à gauche ( *ou* à droite ).

AU deuxième , le deuxième tiroir doublera derrière le premier ; les Officiers & Sergens reprendront leurs places de manœuvre, à moins que ce peloton ne ſoit de quatrième ſection *(Titre IV, article 4).*

AU troiſième commandement, il fera front & s'alignera.

Jamais un peloton n'aura à ſe former, ni déployer en marchant.

## ART. 3.

### *Autres doublemens & dédoublemens.*

Si un peloton trouve dans ſa marche le terrein trop

ferré pour l'étendue de fon front, on commandera :

1. *Colonne = par tranches.*

2. *Tranche droite* $\left\{\begin{array}{l}\text{fi c'eft un peloton}\\\text{de manche droite}\end{array}\right\}$ *halte.*

3. *A gauche.*

4. '*Pas de Manœuvre.=Marche.*

5. *A droite.=Marche.*

L E premier commandement ne fervira que d'avertiſſement.

L E fecond & le troifième feront exécutés par la tranche droite, tandis que la gauche continuera de marcher.

L E quatrième fera exécuté de même, auſſitôt que la tranche gauche l'aura dépaſſé.

L E cinquième contient l'avertiſſement & le commandement d'un *à droite* en marchant, par lequel la même tranche droite fe mettra à la fuite de la gauche.

Dans ce doublement, les Officiers ou Sergens qui étoient au flanc du peloton, y reſteront, s'alongeant au flanc des douze rangs.

*Sixième Règle générale.* Si les rangs des pelotons n'étoient pas ferrés avant le doublement, ils commenceront dès le premier commandement, par fe ferrer bruſquement ; & en cas pareil, en uſeroient de même au premier avertiſſement, pour toute autre manœuvre.

Lorſque le terrein permettra de marcher par le front d'un peloton, on commandera :

1. *Colonne, par peloton.*

2. *Tranche droite* $\left\{\begin{array}{l}\text{fi c'eft un peloton}\\\text{de manche droite,}\end{array}\right\}$ *à droite,*

3. *Pas de manœuvre.=Marche.*

**4.** *A gauche.=Marche.*

Les deux premiers commandemens ne feront qu'avertiſſement pour la tranche droite.

Au troiſième, la tranche droite fera un *à droite* en marchant,
pour fortir de la colonne par tranches.

Le quatrième contient l'avertiſſement & l'exécution de fon
*à gauche* en marchant, pour aller s'aligner avec la tranche
gauche.

En arrivant fur cet alignement, on lui fera le commandement, *Pas ordinaire,* ou *(Pas de route) Marche,* pour fe
remettre au même pas que la tranche gauche. Il eſt bien
entendu, qu'en même temps que la tranche droite fort
ainſi par la droite, les deux Officiers & le Sergent actuellement au flanc de la tranche gauche, fuivent le mouvement pour reprendre leurs places de manœuvre ordinaires.

Ces deux manœuvres dans un peloton de manche
gauche, fe feroient de la même manière en fens contraire,
*(cinquième Règle générale).*

Si on a marché en retraite, elles fe feront en arrière
comme en avant, en ordre renverſé; c'eſt-à-dire, que dans
un peloton de droite, la tranche droite devenue gauche
continuant de marcher, la gauche devenue droite, doublera
derrière elle; le dédoublement fe fera par les mouvemens
contraires, comme il eſt expliqué ci-deſſus; de forte que,
par un fimple *demi-tour-à-droite* dans toute la troupe, on fe
trouvât au même point exactement que fi on avoit fait les *Septième*
mêmes manœuvres en avant. *Règle générale.*

A R T. 4.

*Peloton marchant par le flanc.*

Lorsque le peloton marche de front; fouvent pour

plus d'aifance dans la marche, il n'a les rangs ferrés que trois à trois, ou par tiroirs *(Titre VIII, art. 1.<sup>er</sup>)*; de même, lorfqu'il marchera par le flanc, fouvent il ne ferrera fes files que quatre à quatre, ou par tranches; mais l'explication de la manœuvre du bataillon qui marche par tranches, *(Titre IX, article 1.<sup>er</sup>)* difpenfe de s'y arrêter ici dans le détail.

## ART. 5.

### *Détail pour les Grenadiers & Chaffeurs.*

LES Grenadiers & Chaffeurs ne font jamais réellement fur fix rangs, puifqu'entre leurs tiroirs il refte toujours une petite diftance après le doublement *(Titre IV, articles 3 & 4)*. A cela-près, ce doublement par tiroirs & leur déploiement, fe feront abfolument comme la formation & le déploiement des autres pelotons.

Doublant encore pour fe trouver fur douze rangs, ils ne feront pas cette manœuvre par tranches, mais fans mêler leurs tiroirs, feront doubler la feconde moitié de chacun, derrière la première.

Ils ne marcheront point par le flanc par tranches, comme les autres pelotons, & on apercevra aifément que cette manière n'auroit pour eux aucune utilité. Ils marcheront donc, tantôt par le flanc, après un fimple *à droite*, tantôt après un *à droite par peloton* ou par *tiroirs*.

Ces Grenadiers & Chaffeurs ont une manœuvre à eux particulière, que l'on commandera ainfi.

1. *Grenadiers ou Chaffeurs, fur deux rangs.*

2. *A droite & à gauche.*

3. *Marche.*

3. *Marche.*

4. *Front.* = *Alignement.*

LE premier ne fera qu'avertiſſement.

Au ſecond, la droite des deux premiers rangs fera à droite, & la gauche, à gauche. La droite du troiſième fera à gauche, & la gauche à droite.

Au troiſième, les trois rangs ainſi diſpoſés, marcheront, les deux premiers formant un vide au centre du peloton, le dernier doublant ſur lui-même en arrière de ce vide, puis y entrant & s'y alignant au quatrième commandement, auquel tout le peloton fera front.

La manœuvre contraire, pour revenir ſur trois rangs, n'a pas beſoin d'être expliquée; il faut obſerver ſeulement qu'au premier avertiſſement de cette manœuvre, les deux premiers rangs doivent marcher un pas en avant.

# TITRE VII.

*Inſtruction particulière des Compagnies.*

LORSQU'UN peloton de manche droite, fera un quart de converſion à gauche, le Capitaine qui ſe trouvera à la droite, le conduira. Si le mouvement ſe fait en ſens contraire, cet Officier qui ſe trouve au pivot ne ſe déplacera point, mais le ferre-file s'avancera à la gauche du premier rang pour le conduire; l'Officier qui eſt à la droite du ſixième rang retardant de deux pas & ſe portant un peu à gauche, aura l'œil ſur le dernier rang. La converſion achevée au

C

commandement *halte*, tous deux reprendront leurs places.

. . . . . . . . . . . . . . . . . . . . . . . . . . . . . . . . . . . . . . . . . . . .

Les Officiers, bas Officiers & Soldats, n'auront jamais la baïonnette au fufil, fi ce n'eft au moment de charger de l'Infanterie, ou de recevoir une charge de Cavalerie ; on ôtera la baïonnette dès qu'il ne fera plus queftion de ces charges, mais feulement de marcher ou manœuvrer en colonne, ou de fe déployer pour la moufqueterie.

# T I T R E   V I I I.
## *Marche en Colonne.*
### A R T I C L E   P R E M I E R.
### *Définitions, Diftances.*

12.ᵉ
Définition.

LA colonne d'un bataillon, formée comme on l'a vue *(Titre IV, article 1.ᵉʳ)*, qui feule fera employée en ordre de bataille, & lorfque le terrein le permettra, auffi en ordre de marche, fera appelée fimplement *Colonne,* ou quelquefois, pour plus grande clarté & précifion, *fimple colonne.*

Lorfque le terrein ne permettra pas de marcher fur ce front, on commandera :

1. *Colonne,* par pelotons.

13.ᵉ
Définition.

2. *Marche.*

Au premier commandement, les deux pelotons de première compagnie continuant de marcher, les Capitaines des trois autres compagnies commanderont, *halte;* enfuite le Capitaine de la deuxième commandera, *à droite;* & dès que la première l'aura dépaſſée, commandera encore, *pas de manœuvre, marche;* elle ſe placera ainſi en arrière de cette première & la ſuivra, étant elle-même ſuivie par la troiſième, en arrière de laquelle enfin ſe placera la quatrième, comme la ſeconde à la ſuite de la première.

Lorſqu'on ſe mettra ainſi en colonne par pelotons, les Grenadiers qui étoient ſur le front de la ſimple colonne *(Titre IV, article 3)*, continueront de marcher en avant du premier peloton: les Chaſſeurs qui marchoient à côté d'eux, ſe porteront rapidement en avant pour doubler devant les Grenadiers.

Lorſque le terrein ne permettra pas même le front de la colonne par pelotons, on commandera, *colonne par tranches,* &c. *(Titre VI, article 3).*

14.ᵉ
Définition.

On reformera la colonne par pelotons, comme il eſt preſcrit *(mêmes Titre & article).*

Enfin pour reformer la ſimple colonne, on commandera, *ſimple colonne, marche.*

A ce commandement, la première & la troiſième compagnie feront *halte,* la deuxième & la quatrième feront *à gauche, pas de manœuvre, marche;* puis étant déboîtées, à droite en marchant, la deuxième s'alignera avec la première, la quatrième avec la troiſième; après quoi les deux dernières regagneront la diſtance trop grande qui les ſépare des premières, marchant encore au pas de manœuvre, tandis que ces premières ſont déjà remiſes en marche, au pas ordinaire, ou au pas de route.

Pluſieurs bataillons marchant à la queue l'un de l'autre en *ſimple colonne,* ſi le terrein s'ouvre de manière à permettre pour long-temps un plus grand front, on les mettra en *double colonne,* c'eſt-à-dire en deux *ſimples colonnes,* l'une à côté de l'autre: Ces deux colonnes *jumelles,* auront

15.ᵉ
Définition.
16.ᵉ & 17.ᵉ
Définitions.

C ij

toujours entr'elles une *rue* de largeur quelconque ; la jumelle droite fera compofée de tous les bataillons qui, en ligne, doivent avoir la droite; & la jumelle gauche, de ceux qui doivent avoir la gauche *(première Règle générale, Titre IV )*.

**18.<sup>e</sup> Définition.**

La fimple colonne fera dite *ferrée*, lorfqu'elle aura les rangs de chaque feรูtion ferrés & emboîtés, la fection tenant toujours en hauteur dix pas, tant pour fon épaiffeur que pour la diftance de fon dernier rang au premier de la fuivante. Le bataillon, dans le combat & la manœuvre, fera habituellement dans cet état.

Dans ce cas pourtant, l'Officier fupérieur, pour marcher plus commodément, pourra partager les diftances entre les deux tiroirs de chaque peloton, commandant *par tiroirs, diſtances, marche*. A ce commandement, le fecond tiroir de chaque peloton marquera deux pas. Au commandement, *tiroirs ferrés*, les premiers tiroirs continuant de marcher, les feconds fe ferreront contre eux par quatre pas de manœuvres.

On les fera toujours ferrer avant de faire aucun autre commandement.

Lorfqu'on voudra donner dans la marche encore plus d'aifance, on commandera *pas de route, marche*. A ce commandement les rangs s'ouvriront à un pas de diftance l'un de l'autre, marquant le pas, & chacun partant au fecond pas de celui qui le précède, la colonne n'éprouvant pour cela aucun alongement: enfuite fi l'on porte l'arme au bras, le Soldat continuera de marcher régulièrement, quoiqu'à rangs ouverts. Si l'on fait l'avertiffement, *arme à volonté*, il n'obfervera plus de pas réglé, évitant feulement de confondre les rangs.

Lorfqu'on ouvrira ainfi les rangs, le Sergent-major qui étoit en ferré-file fe portera au flanc de fon peloton, à la place du Capitaine qui marchera à côté de lui exté-rieurement. Le fannion, par un pas de côté, fe placera en avant de cette nouvelle file des Capitaines, qui conti-nueront de marcher au même pas que marchoit la colonne, & de fe maintenir à la file & au point de vue : les autres Officiers & bas Officiers prenant dans la marche la même aifance que le Soldat.

Pour ferrer les rangs en marchant, au commandement, *ferrez les rangs, marche,* on portera les armes ; les rangs fe ferreront au pas de manœuvre fur le premier de chaque fection, & reprendront le pas du Commandant de cette fection.

Si l'on veut arrêter la colonne qui a les rangs ouverts au commandement *halte,* elle fe ferrera de même en portant les armes.

La colonne fimple ou double, fera dite *rapprochée*, lorfque fes fections feront ferrées l'une contre l'autre, de manière à n'avoir entr'elles qu'un pas de diftance.

19.<sup>e</sup> Définition.

Par ces détails, on voit qu'un bataillon en fimple colonne ferrée, tient pour fes quatre fections & trois intervalles, trente-fix pas ou douze toifes ; mais s'il y a plufieurs ba-taillons à la queue l'un de l'autre, les Grenadiers & Chaffeurs tiennent place d'une cinquième fection. Il faut alors, pour les cinq fections & autant d'intervalles, cinquante pas : mais pour donner plus d'aifance & avoir une diftance plus grande entre les fections de bataillons différens, on comptera fur foixante pas ou vingt toifes.

Un bataillon en *colonne rapprochée*, tient pour les cinq fections & leurs intervalles, au plus trente-cinq pas.

La colonne par pelotons & par tranches, n'ayant lieu que pour la marche, il n'y a guère d'occafion de les *rapprocher*.

La colonne par pelotons tenant en hauteur le double de la fimple colonne, le doublement pour paffer de celle-ci à celle-là, fe fera fucceffivement & retardera la queue; c'eft pourquoi, jufqu'à ce qu'il foit achevé, la tête marchera au pas de manœuvre.

On pourra pourtant faire ce doublement en même temps dans toute la longueur de la colonne, ayant pris d'abord les diftances néceffaires.

On pourra auffi *rapprocher* la colonne par pelotons, avant de revenir à la fimple colonne, afin qu'il refte peu de chofe à faire lorfque celle-ci fera formée, pour regagner les diftances.

On pourra même faire tenir la colonne par pelotons dans la longueur déterminée pour la fimple colonne, lorfque le défilé ne durant qu'un moment, il n'y aura qu'un très-petit efpace à parcourir avec fi peu d'aifance.

Tout ce que l'on vient de voir fur les longueurs & diftances, eft plutôt éclairciffement que précepte, & toujours fubordonné au principe général, de *ne jamais alonger les colonnes plus qu'il n'eft néceffaire pour l'aifance de la marche; & de ne jamais craindre de les raccourcir.*

*Huitième*
*Règle générale.* Il eft néceffaire de bien remarquer que dans aucune

marche ni mouvement, jamais un bataillon n'eſt ſur un front plus étendu que celui de deux pelotons ſur ſix rangs; que ce front n'eſt jamais celui d'un ſeul ſur trois, ni celui de deux pelotons de même compagnie, placés l'un à côté de l'autre,

Il faut en toute manœuvre regarder la ſimple colonne, comme compoſée de deux manches ou colonnes réunies, deſquelles l'une a la gauche en tête, l'autre y a la droite.

## A R T.  2.

### Ordre des Troupes dans les Colonnes.

Soit que les compagnies marchent deux à deux en ſimple colonne, ou l'une après l'autre en colonnes de plus petit front, elles ſe ſuivront toujours dans leur ordre numérique, les mêmes qui ont le centre dans l'ordre déployé, tenant la tête dans la colonne; excepté les Grenadiers & Chaſſeurs qui marcheront en avant des autres.

Jamais le bataillon déployé ne ſe rompra pour marcher par ſes dernières compagnies qui ſont aux flancs; ou du moins *Neuvième Règle générale.* cela n'arrivera que dans le cas d'une marche de flanc, & décidée telle, par l'objet de ſe porter ſur la droite ou la gauche, juſqu'à tel point; pour, y étant arrivé, faire front du même côté où on le faiſoit avant de marcher ( ci-après, *Titre XI, article 4; Titre XII, article 11).*

De même, lorſqu'une diviſion de pluſieurs brigades formera une colonne, elles s'y ſuivront dans leur ordre numérique, ſelon lequel elles étoient placées en ligne par le centre de la diviſion ( ci-après *Titre XII).*

## ART. 3.

### Commandemens dans les Colonnes ; manière de les conduire.

LE bataillon étant dans son ordre de simple colonne, l'Officier supérieur seul fera les avertissemens & commandemens. Les commandemens *marche* & *halte*, ne feront pas répétés par les Capitaines, qui ne les feront que dans le cas où ils seroient particuliers à leur troupe, & où cette troupe ne devroit pas suivre le mouvement de tout le bataillon; encore, pour une section dont les deux pelotons ne doivent pas se séparer, le commandement ne sera-t-il fait que par le premier des deux Capitaines.

En colonne par pelotons ou par tranches, les commandemens seront répétés par les Chefs de ces subdivisions, à l'instant où ils leur parviendront, soit par l'Officier supérieur, soit par les Chefs des subdivisions précédentes.

On aura grande attention que toute la colonne s'ébranle ensemble au mot *marche*, sans qu'une division attende, pour se mettre en mouvement, qu'elle y voie celle qui la précède.

*Dixième.*
*Règle générale.* Au commandement *halte*, répété de même avec la plus grande vivacité, toutes les divisions s'arrêteront en même temps.

La colonne se remettant en marche, fera d'abord vingt pas, serrée & portant les armes; ensuite l'Officier supérieur commandera, *par tiroirs, distances,* puis *arme au bras;* & si la marche doit être un peu longue, *pas de route.*

On observera les mêmes règles, en marchant par la queue des colonnes.

*Pour*

## *Pour mettre une Colonne en mouvement.*

### COMMANDEMENS.

*G.* 1. *Colonne en avant.*

*S.* 2. *Bataillon en avant.*

*G. S.* 3. *Marche.*

Si le Commandant veut un autre pas que le pas ordinaire, il l'indiquera avant le mot *marche*.

> *Nota.* Ici, & de même dans la suite de cette Instruction, pour abréger le discours, on s'est contenté d'indiquer par des lettres initiales qui précèdent les différens commandemens, les Officiers qui font ces commandemens ou les répètent. *G*, indique le Général; *S*, l'Officier supérieur commandant le bataillon; *C*, le Capitaine commandant son peloton.

## *Pour arrêter une Colonne.*

### COMMANDEMENS.

*G.* 1. *Colonne.*

*S.* 2. *Bataillon.*

*G. S.* 3. *Halte.*

Au dernier commandement, toutes les divisions s'arrêteront ensemble, ferrant les rangs de chaque section; ferrant les files sur la droite, portant les armes, & s'alignant selon la première règle générale.

Toutes les fois que sans *halte*, il sera commandé de ferrer, on observera de même de porter les armes & de s'aligner.

D

# TITRE IX.

## *Manœuvres particulières d'un Bataillon.*

LORSQUE le bataillon devra manœuvrer, il sera en bataille dans son ordre de colonne, & non déployé. *( Seconde règle générale , Titre IV.)*

*Onzième Règle générale.*

Tous ces mouvemens se feront au pas de manœuvre. Assez généralement dans toutes les manœuvres du bataillon, les Grenadiers & Chasseurs ont plus de chemin à faire que les autres pelotons. Ils doivent donc, dès qu'une manœuvre leur est indiquée par le premier avertissement, partir avec la plus grande rapidité, au commandement particulier qui leur sera fait par leurs Capitaines, & sans attendre en rien les autres commandemens & mouvemens du bataillon. Il faut cependant en excepter quelques-unes, dans lesquelles, pour d'autant mieux les couvrir, les Grenadiers & Chasseurs doivent régler leur vîtesse sur celle des différentes parties du bataillon.

### ARTICLE PREMIER.

#### *Marche de flanc. Trancher.*

LE bataillon marchant par son flanc, peut avoir pour objet, 1.º d'y marcher pour un moment seulement; 2.º d'y marcher un peu plus long-temps, & par cette raison avoir besoin de plus d'aisance, qu'il n'en auroit ayant ses nouvelles files de toute leur longueur sans distance; 3.º enfin de combattre sur ce nouveau front.

Dans le premier cas, on commandera simplement, *à droite,*

*marche*, & toutes les parties du bataillon marcheront dans l'état où elles se trouvent, sans l'ouvrir.

Dans le second cas, l'Officier supérieur après le commandement *à droite, marche,* fera celui-ci, *par manches, distances, marche.* A ce commandement, la manche gauche, ( si on marche par la droite ) marquera six pas, ce qui établira cette distance entre les deux manches; les pelotons de Grenadiers & Chasseurs suivant chacun le mouvement de celle au flanc de laquelle il se trouve. L'Officier supérieur voyant la marche se prolonger, & voulant prendre encore plus d'aisance, pourra encore commander, *par tranches, distances, marche.* A ce commandement, les tranches gauches des deux manches marqueront trois pas, ce qui donnera des distances entre toutes les tranches.

Dans le troisième cas,

### COMMANDEMENS.

G. 1. *Bataillons, tranchez à droite.*

S. 2. *Bataillons, tran=chez.*

S. 3. *A droite.*

G. S. 4. *Marche.*

LE premier ne sera qu'avertissement.

Au deuxième, la seconde & la quatrième sections, au commandement particulier qui leur sera fait par les Capitaines qui les commandent, se serreront brusquement contre la première & la troisième; les serre-files de celle-ci s'étant promptement tirés de leurs intervalles, & placés en dehors à même hauteur. On voit que ceci faisant disparoître deux des distances, doublera celle du centre.

Au troisième, le bataillon fera *à droite;* la file d'Officiers de chaque peloton se portera au front ou à la queue, qui

D ij

devient fon flanc extérieur: aux uns le Capitaine n'a pour cela qu'un pas à faire, la file par une efpèce de contre-marche, fe plaçant à fa fuite dans fon ordre accoutumé: aux autres pelotons, il a à parcourir la longueur du nouveau flanc, menant la file à fa fuite: le Sergent-major fuivra, fe plaçant auffi à ce nouveau flanc, en dehors de la file d'Officiers, d'où il entrera en ferre-file de fon peloton. Lorfque les tranches s'ouvriront, le fannion de la droite fe placera devant le premier Capitaine en tête de cette file, le fannion de gauche à la queue de la même file, & pour cela l'un & l'autre n'auront à faire qu'un *à droite.*

Au quatrième commandement, le bataillon marchera dans cet état, les tranches gauches de manche droite marquant le pas & partant au cinquième des tranches droites; les tranches droites de manche gauche, partant de même au cinquième pas des gauches de manche droite; enfin les gauches de manche gauche au cinquième pas de leurs droites.

Quant aux Grenadiers & Chaffeurs, au premier commandement ils feront par *pelotons à droite;* enfuite celui des deux pelotons qui eft au flanc gauche, marchera en avant; celui du flanc droit marchera par la droite; tous deux fe porteront ainfi, par rapport aux nouveaux flancs, à la place qu'ils occupoient par rapport aux premiers.

Pour arrêter le bataillon, & le remettre fur fon premier front.

### COMMANDEMENS.

*G. S.* 1. *Bataillon, remettez-vous*=*halte.*

*S.* 2. *Front*=*alignement.*

*S.* 3. *Sections, diftances*=*marche.*

Au premier, le bataillon s'arrêtera, ferrant rapidement les tranches.

Au deuxième, en même temps qu'il fera front par un *à*

*gauche*, les Officiers reprendront légèrement leurs places de manœuvre ordinaires.

Au troisième, la première & la troisième section marcheront quatre pas en avant, pour rendre les distances aux sections suivantes.

Les Grenadiers & Chasseurs reprendront en même temps leurs places. Pour cela, ils feront par *peloton à gauche;* ensuite le peloton de la droite marchera en avant, & le peloton de la gauche par le flanc gauche.

## ART. 2.
### *Changer de direction.*

POUR changer de direction à droite, supposé, si c'est en marchant, on fera tourner à droite la première section, & les autres successivement. Mais si l'on veut faire ce mouvement de pied-ferme.

### COMMANDEMENS.

*G. S.* 1. *Par section, à droite.*

*G. S.* 2. *Marche.*

*S.* 3. *Halte.*

Au premier, qui n'est qu'avertissement, on placera le fannion gauche, de manière qu'il se trouve avec le droit dans l'alignement où l'on veut avoir le front.

Au deuxième, toutes les sections en même-temps feront le mouvement, & s'arrêteront au troisième.

Alors le bataillon aura fait son changement de direction; mais les sections feront en échelons, & n'auront plus leurs distances. Il faudra donc encore

*S.* 1. *Dernières sections═à gauche.*

*S.* 2. *Marche.*

*C.* 3. *Halte═front═alignement.*

Le troifième commandement fera fait à chaque fe&ion par le Capitaine qui la commande, lorfqu'il arrivera à fa file, & cette feâion s'alignera fur lui, felon la cinquième règle générale. Si le Capitaine de la gauche qui conduit cette marche de flanc, eft arrivé plus tôt à fa file, c'eft une indication que la feâion s'eft alongée ; ce qu'il réparera contenant cette gauche, en lui faifant marquer le pas.

Enfuite l'Officier fupérieur commandera, *Sections diflances= marche.* A ce commandement, les trois premières feâions marcheront, puis s'arrêteront fucceffivement, chacune au commandement de fon Chef, à mefure qu'elle aura repris fa diflance.

Quant aux Grenadiers & Chaffeurs, leur peloton gauche ( fuppofant toujours que le changement de direâion fe faffe à droite) fuivra le mouvement de la première feâion, décrivant un plus grand arc. Le peloton droit fera le même mouvement que chacune des feâions, le commençant & finiffant en même-temps. Mais il fe trouvera par ce mouvement même un peu trop en avant & à gauche; c'eft pourquoi pendant que les feâions prendront leurs diflances, & que le front du bataillon s'avancera avec le peloton gauche, au lieu de s'avancer de même, ce peloton droit des Grenadiers & Chaffeurs marchera quelques pas par la droite.

Si les Grenadiers & Chaffeurs étoient fur le front du bataillon, lorfqu'il change de direâion, ils feroient le mouvement de converfion comme les feâions ; puis marchant par la droite, comme la deuxième feâion par la gauche, ils fe remettroient à la file de la première: mais ce cas arrivera peu, car les Grenadiers & Chaffeurs ne fe trouvent guère fur le front des bataillons que pour la marche; & ce ne fera point en marche qu'on aura occafion de changer de direction de pied-ferme.

## ART. 3.

### *A droite, changer de front.*

Si le bataillon eft en mouvement, ce fera un fimple changement de direction, les quatre fections faifant fucceffivement leur mouvement de converfion.

Une colonne quelconque changera de même le front de fa marche, toutes les divifions tournant fucceffivement au même point, les pivots ne s'arrêtant pas, mais décrivant eux-mêmes un arc moins grand, & confervant le pas ordonné à la totalité de la colonne; au moyen de quoi fa marche ne fera point retardée. S'il arrivoit néanmoins que par la vîteffe de la marche, les côtés qui tournent fuffent un peu en retard, cela fe répareroit aifément, ces droites ou gauche des divifions regagnant en courant, les alignemens & les diftances précifes qu'elles auroient perdus.

On obfervera pour plus de précifion, pour la colonne par pelotons, fuppofée au pas ordinaire, que les pivots circuleront comme autour d'un pivot fixe qui feroit à la diftance de quatre files; & pour la colonne fimple, comme fi ce pivot étoit à la diftance de huit files. On pourroit, fur-tout dans ce dernier cas, repréfenter ce pivot fixe par un bas Officier.

Si le bataillon qui tourne à droite par fections, a fes Grenadiers & Chaffeurs à fes flancs, celui des deux pelotons qui eft à la droite, tournera en même-temps que la première fection, & après avoir tourné, fe trouvera devant elle; puis continuant de marcher, prendra le pas oblique, pour la démafquer, & reprendre place à fon flanc. Quant au peloton gauche, il fuivra le mouvement de la première fection, y employant plus de temps.

On ne donnera point de moyen pour un changement de front de pied-ferme, parce qu'il n'eft aucun cas où cette manœuvre puiffe être néceffaire pour le bataillon en colonne.

## A RT. 4.

### En arrière, changer de front.

#### COMMANDEMENS.

*G.* 1. *En arrière* = *Changez de front.*
*S.* 2. *Bataillon en avant* = *Marche.*
*C.* 3. *Tournez à droite.*

LE troifième commandement fera fait par le Capitaine commandant la première fection; après avoir fait un quart de converfion, tel qu'on vient de le voir, il la fera marcher quatre pas en avant, puis commandera une feconde fois, *tournez à droite;* les autres fections feront de même l'une après l'autre, & aux mêmes points;

Ici fur-tout il eft néceffaire que les mouvemens de converfion fucceffifs, fe faffent avec la précifion qui vient d'être indiquée; autrement le défordre du premier mouvement feroit difficilement réparé au moment de commencer le fecond.

Si les Grenadiers & Chaffeurs font fur le front du bataillon, ils tourneront comme première fection, & ce moyen fera le meilleur & le plus fimple.

S'ils

S'ils font aux flancs, dès le premier avertiffement, ils tourneront, le peloton droit à droite, & le peloton gauche à gauche; enfuite ils marcheront rapidement en arrière, puis ayant dépaffé le bataillon, autant qu'il fera néceffaire, ils feront *à droite* & *à gauche* en marchant, pour changer de place entr'eux, en fe croifant.

## Art. 5.

### *Remplacer.*

Au commandement de l'Officier fupérieur, *bataillons; remplacez,* les Capitaines de première compagnie commanderont, *à droite;* ceux de deuxième, *à gauche;* ceux des deux dernières, *en avant;* puis au commandement *marche* de l'Officier fupérieur, tout marchera, la troifième fection au pas ordinaire, jufqu'à ce que les premières l'aient démaf-quée; alors on commandera à ces premières, 1. *Halte;* 2. *Demi-tour à droite;* 3. *Marche;* ce dernier commandement fe faifant au moment où le dernier rang de quatrième fection a paffé; les deux premières compagnies fe rejoignant, fe remettront de front par un *à droite* & un *à gauche* en marchant, & continueront de marcher à la fuite des deux dernières.

Par cette manœuvre, la quatrième fection devenant deuxième, fes Officiers & Sergens, lorfqu'elle eft prête de marcher, doivent prendre les places de manœuvre comme dans les autres; de même ceux de la deuxième, avant de rentrer, doivent les prendre comme quatrième.

Les fannions refteront fur le front, attendant le premier rang de troifième fection.

Les Grenadiers & Chaffeurs l'attendront de même, pour marcher à fes flancs.

E

## ART. 6.

### *Déployer & reformer le Bataillon en colonne.*

LORSQUE pour faire ufage de la moufqueterie, on voudra mettre les bataillons fur trois rangs :

### COMMANDEMENS.

*G. S.* 1. *Bataillons, déployez.*

*S.* 2. *Rapprochez, Marche.*

*S.* 3. *À droite & à gauche.*

*S.* 4. *Marche.*

LE premier ne fera qu'avertiffement.

AU deuxième, les trois dernières fections fe ferreront contre la première, à un pas de diftance, & en arrivant, leurs Chefs leur commanderont *halte, alignement.*

AU troifième, la manche droite fera *à droite,* la gauche *à gauche,* à l'exception du premier tiroir de chacune qui ne bougera.

Dès le premier avertiffement, les fannions reculant un pas, fe placeront aux flancs du premier rang, aux places que leur laifferont les Capitaines en s'ouvrant un peu; en même-temps le Sergent qui eft au deuxième rang du premier peloton de chaque manche, quittant le flanc de fon tiroir qui ne bouge, marchera par la droite ou la gauche, fept pas alongés de deux pieds & demi, pour prendre le terrein pour le fecond tiroir; & arrivé à cette diftance, s'arrêtera & fera *front.* Il ne faudroit que fix pas, mais il y a de plus ici la file du fannion; d'ailleurs le premier tiroir qui, en colonne fe trouvoit avoir les files plus ferrées qu'on ne les veut dans l'ordre déployé, prendra un peu d'aifance, dès le premier avertiffement.

*Nota.* On voit ici qu'il eft néceffaire qu'il y ait un fecond Adjudant, ou quelqu'un qui le remplace dans le deuxième bataillon.

En même-temps, l'Officier fupérieur qui commande le

bataillon , & l'Adjudant, marchant légèrement , l'un par la droite, l'autre par la gauche , & s'éloignant du centre du bataillon, s'aligneront fur les fannions. Chacun de ces Officiers règlera, quant à l'alignement, le Sergent qui prend la diftance; & lorfque ce Sergent s'arrêtera, à cette diftance indiquée près de cet Officier, qui fera dans l'alignement, le Sergent fe trouvera à la place où il doit refter, l'Officier à celle où doit arriver le Capitaine. Après avoir ainfi placé le Sergent du premier peloton , l'Officier ou l'Adjudant, continuant de s'éloigner dans l'alignement, placera de même fucceffivement le Sergent de chacun des trois autres; pour cela, tous les trois, en même-temps que celui du premier, auront quitté le flanc de leurs pelotons, & marché à peu-près à même hauteur, fe rapprochant de ce premier Sergent; & dès qu'il fera placé, celui du fecond peloton, partira de ce point, comptant douze pas alongés pour le front de fon peloton, & ainfi des autres.

Par ce moyen, le déploiement, quoique très-rapide, fe fera fans aucune difficulté pour ceux qui conduifent les pelotons, & toujours avec la plus grande exactitude. C'eft pourquoi ce moyen, non-feulement fera toujours employé dans le déploiement, mais le fera de même en grand dans toute formation d'ordre de bataille & changement de pofition; la place où doit arriver chaque bataillon lui étant marquée, quant à l'alignement, par un Officier aligné fur les fannions des bataillons précédens; quant à la diftance, par un Sergent qui la donnera à cet Officier, par le nombre de pas qu'il aura comptés.

*Treizième Règle générale.*

*Nota.* Il faut remarquer, 1.° Que quoiqu'on faffe de ceci une règle générale, cela n'empêche pas que lorfque les troupes feront inftruites, on ne puiffe quelquefois fe difpenfer de l'obferver, & faire prendre les diftances feulement à vue : 2.° Que quoique par ces moyens très-faciles, on donne ici aux diftances & alignemens la plus précife exactitude, cela n'empêche pas que de toutes les méthodes poffibles, celle-ci ne foit celle qui l'exige le moins, dans le déploiement en particulier : 3.° Que pour qu'une ligne de plufieurs bataillons déployés, les ait tous auffi bien alignés enfemble, que chacun l'eft en particulier, il fera bon d'avoir au centre de leurs intervalles encore un Officier, qui, s'alignant fur les fannions des deux bataillons, fera un moyen de plus pour diriger l'Officier qui détermine l'alignement dans chacun d'eux.

Au quatrième commandement, tout ce qui a fait *à droite* & *à gauche* marchera, & en même-temps le Capitaine & le Sous-lieutenant du premier peloton, iront prendre leurs places devant & derrière leur Sergent.

Les deux Sergens & le Lieutenant, qui conduifent leur deuxième tiroir, arrivant à hauteur de cette file, le Capitaine commandera, *halte, front, à gauche, alignement;* & ce tiroir fera les deux pas qui lui reftent pour s'aligner avec le premier, entrant dans fa place, entre ce premier tiroir & fa file d'Officiers; ceux du fecond tiroir prenant en même-temps leurs places de feu.

Le Sergent-major dans la marche de flanc, doit avoir retardé de quelques pas, pour marcher à la dernière file, comme le Lieutenant à la première, & pour fe porter au premier rang au commandement, *front.*

Les autres pelotons continueront de marcher pour déployer à la fuite du premier; le fecond Capitaine ayant marché par le flanc, encore le front d'un tiroir, commandera à fon premier, *à gauche, marche;* & après cet *à gauche,* en marchant pour faire front, *halte, à gauche, alignement,* en même-temps il ira, ainfi que le Sous-lieutenant, fe placer avec fon Sergent; le fecond tiroir étant arrivé à hauteur de ce Sergent, le Capitaine lui fera les mêmes commandemens; il fe placera comme on a vu au premier peloton; ainfi des autres. Il faut remarquer que l'arrivée de ce fecond tiroir, qui a fa diftance prife exactement, rectifie la petite erreur qui pourroit fe trouver au premier, pour lequel le Capitaine l'a prife à vue.

Dans leur marche de flanc, les pelotons ( de manche droite ) pourront appuyer un peu fur la gauche, pour fe rapprocher de l'alignement, & n'avoir pas tant à marcher, après avoir fait front, mais fans perdre de vue la règle générale *.

Les Grenadiers & Chaffeurs, au commandement *rapprochez*, fe porteront fix pas en avant, & au commandement de leur Capitaine, feront *halte*, puis *à droite* & *à gauche*. Enfuite pendant le déploiement, ils iront du centre aux flancs du bataillon, marchant par le flanc, & réglant leur vîteffe de manière à découvrir chaque tiroir, au moment où il finit de s'aligner, & couvrir le fuivant au moment où il fait front.

Si ce déploiement fe fait à portée de moufqueterie, en le commençant on commandera *le feu de files*, qui s'étendra du centre à la droite & à la gauche, à mefure que les tiroirs feront déployés & alignés.

Jamais un bataillon ne déploiera autrement; & cette manœuvre centrale fera toujours poffible, puifqu'au moment de déployer les bataillons, chacun d'eux fera déjà en ligne, entre deux intervalles; & fi dans quelques cas un bataillon ayant à déployer, étoit forcé d'arriver fur fon terrein par la gauche, cela n'empêcheroit pas encore la même manœuvre; feulement avant de déployer, il fe porteroit au centre de fon terrein, marchant par la droite; & ce mouvement de vingt-cinq toifes, joint à un déploiement de vingt-cinq toifes, n'excéderoit pas la longueur d'un déploiement de cinquante.

*Quatorzième Règle générale.*

Pour remettre en colonne les bataillons déployés, on commandera:

> G. S. 1. *Bataillons = en colonne.*
>
> C. 2. *Formez le peloton.*
>
> G. S. C. 3. *Marche.*

Le premier n'eft qu'avertiffement.

Au deuxième, les pelotons fe formeront à l'ordinaire *(Titre VI, article 2)* avec cette différence feulement, du moins pour ceux des trois dernières fections, qu'à la fin de cette formation, au lieu de commander, *front,* pour le fecond tiroir, on commandera pour le premier, *à gauche* ou *à droite.*

Quant aux Grenadiers & Chaffeurs, au premier commandement, ils fe porteront fix pas en avant, puis marcheront par le flanc, jufqu'à ce qu'ils couvrent le fecond peloton de leur manche; alors ils feront front, puis marcheront fur le flanc, & à hauteur de la tête de la colonne. Si cependant l'objet de cette colonne n'étoit pas de combattre ni de manœuvrer, mais de fe mettre en marche, alors ils doubleroient par tiroirs, & fe porteroient fur fon front.

*Quinzième Règle générale.* Cette manœuvre eft la feule qu'emploiera le bataillon déployé, pour fe remettre en colonne.

S'il n'a de débouché qu'en avant de fa droite ou de fa gauche, il n'en faudra pas moins employer cette formation centrale, après laquelle, marchant par la droite, il fe portera à ce débouché.

S'il borde trop près un ruiffeau, de forte que la colonne ne puiffe pas dans fa formation s'avancer de trente pas, mais feulement de quinze, cela n'empêchera pas encore d'employer les mêmes moyens. La colonne fe formera fans intervalles entre les fections; & elle n'en a pas befoin pour le moment, puifqu'elle ne veut d'abord que marcher par le flanc.

Si l'on n'a pas même ces quinze pas de terrein devant foi, il n'y a encore aucun embarras; & les pelotons, dans leur marche de flanc, pourront appuyer fur leur gauche ou leur droite, pour former les fections en arrière de la première qui ne bouge.

## ART. 7.

### Se mettre en bataille par compagnie.

POUR former de chaque bataillon quatre petites colonnes au lieu d'une feule;

COMMANDEMENS.

G. S. 1. *Par compagnie, en bataille.*

S. 2. *A droite & à gauche.*

S. 3. *Marche.*

LE premier n'eft qu'avertiffement.

Au deuxième, toute la manche droite fera *à droite ;* la gauche, *à gauche.*

Au troifième, tout marchera, & les deux premières compagnies, dès qu'elles auront fait chacune trois pas, feront *halte & front* au commandement de leurs Capitaines. La feconde de chaque manche, marchera douze pas de plus par le flanc ; puis après avoir fait front, en marchant, elle en fera dix pour s'aligner avec la première.

Comme par cette manœuvre on découvre les flancs de peloton, qui, étant intérieurs dans la colonne, n'avoient point d'Officiers; le Lieutenant, & le Sergent qui étoient

au cinquième rang, quittant leurs places de manœuvre &
laiffant aller leur peloton, fe placeront à ce flanc intérieur
aux premier & dernier rangs; de forte que dans la deuxième
fection, on ne pourra pas fuivre exactement la troifième
règle générale; feulement un Sergent fe placera en ferre-
file avec le Sergent-major, & il ne reftera à ce flanc que
deux Officiers & un Sergent, qui fe placeront au flanc,
aux premier, quatrième & fixième rangs.

Dans cette manœuvre, les Grenadiers & les Chaffeurs ne
feront que marcher par le flanc, pour fe placer fur celui
des dernières compagnies, comme ils étoient d'abord aux
flancs des premières.

*Pour remettre en colonne le bataillon ainfi difpofé;*

COMMANDEMENS.

G. S. 1. *Bataillons, en colonne.*

S. C. 2. *A gauche & à droite.*

S. C. 3. *Marche.*

LE premier n'eft qu'avertiffement.

AU deuxième, les deux compagnies de manche droite,
feront *à gauche*, & réciproquement.

AU troifième, tout marchera, mais les dernières compagnies feulement au pas ordinaire, felon l'avertiffement, ajouté
au commandement par leurs Capitaines. En même temps les
Officiers déplacés reprendront leurs places de manœuvre,
attendant leur file, en arrière de leur dernier rang.

LES premières compagnies fe rejoignant au troifième pas,
feront *front* en marchant; & les fecondes fe rejoignant derrière
elles, la colonne fera formée; & felon qu'il fera ordonné,
fera *halte*, ou continuera de marcher.

Les Grenadiers & Chaffeurs, au premier avertiffement,

fe

fe rapprocheront des premières compagnies par le pas oblique ou direct, couvrant le front des dernières; puis marcheront en avant à leur place accoutumée.

Si l'on eft *par Compagnies en bataille*, & qu'on veuille déployer, la manœuvre fera celle de l'*article 6;* la feule différence fera, que pour les dernières compagnies, elle fe trouvera déjà commencée, & que le premier tiroir de chaque manche, qui dans le grand déploiement ne bouge pas, aura ici trois pas à faire pour fe rejoindre à fon correfpondant.

Si, étant déployé, on veut fe mettre par compagnies en bataille, au premier avertiffement, les Capitaines forme-ront les pelotons, comme pour fe mettre en colonne; puis au commandement, *marche,* répété par les Capitaines, le premier peloton de chaque compagnie, marchera dix pas en avant, & le deuxième marchera par le flanc, pour doubler derrière le premier.

Il eft entendu, que l'on ne doit pas négliger ici le petit déplacement d'Officiers & de bas Officiers, qui a été indiqué, & qui n'a pas befoin de nouvelle explication.

## A R T. **8.**
## *Par Compagnies en Sections.*

### C O M M A N D E M E N S.

*G. S.* 1. *Compagnies, en fections.*

*S.* 2. *À droite & à gauche.*

*S.* 3. *Marche.*

LE premier ne fera qu'avertiffement.

Au deuxième, la manche droite fera *à droite*, & la gauche *à gauche.*

F

Au troisième, tout marchera; d'abord ensemble; mais le premier peloton de chaque manche, ayant fait huit pas, fera *halte*, & *front* au commandement de son Capitaine. En même-temps, des Officiers & Sergens, qui sont au flanc droit de ce peloton, trois se porteront au flanc gauche, passant devant son front, ou plutôt le laissant couler derrière eux; deux se placeront en serre-file *(troisième Règle générale)*, le Sergent qui étoit au quatrième rang, restant seul à cette file, & s'y avançant au premier rang; la même chose en sens contraire, dans le premier peloton de la gauche.

Les seconds pelotons des mêmes compagnies, marcheront sept pas de plus par le flanc; puis, après avoir fait *front*, marcheront dix pas en avant, pour s'aligner avec les premiers.

Les premiers pelotons des dernières compagnies marcheront par le flanc, vingt-quatre pas de plus que les précédens, se remettront de front, & se porteront sur l'alignement; où ils se placeront, faisant le déplacement d'Officiers, comme ceux de première section.

Enfin les derniers pelotons ayant fait par le flanc, sept pas de plus que les premiers des mêmes compagnies, viendront se joindre & s'aligner à eux; ne faisant, non plus que ceux de deuxième section, d'autre déplacement d'Officiers, que celui de la *troisième Règle générale*.

Dans cette manœuvre, les fannions resteront à leurs places, où, après le déplacement, ils se retrouveront chefs de la file d'Officiers.

Quant aux Grenadiers & Chasseurs, le peloton droit, marchant par la droite, se placera dans l'intervalle des deux compagnies de la droite; celui de gauche, de même dans l'intervalle de gauche; les petits canons dans celui du centre, si autre disposition n'est ordonnée.

Dans cet ordre, les Grenadiers & Chasseurs marcheront plutôt en avant, que dans les intervalles mêmes; mais dans la manœuvre, il sera commode qu'ils s'y tiennent, pour indiquer la distance aux dernières compagnies.

## Pour reformer en colonne le Bataillon ainsi arrangé.

### COMMANDEMENS.

*G. S.* 1. *Bataillon en colonne.*

*G. S. C.* 2. *Marche.*

Au deuxième, qui n'est répété que par les premiers
Capitaines de chaque compagnie, leurs pelotons marcheront
dix pas en avant; en même-temps, les Officiers & Sergens,
excepté le Capitaine qui restera à la gauche de son premier
rang *(peloton de manche droite)* reprendront au flanc droit
leurs places de manœuvre. Les seconds pelotons, au commandement de leurs Capitaines, feront à gauche ou à droite, &
marcheront pour doubler derrière les premiers, qui après leurs
dix pas feront *Halte,* puis à gauche ou à droite.

Alors l'Officier supérieur commandera une seconde fois
*Marche,* & à ce mot, répété par les Capitaines, tout marchera
pour reformer la colonne.

Lorsque les Capitaines encore déplacés arriveront,
chacun à quinze pas de son correspondant, ils laisseront
couler leurs pelotons, attendant la file d'Officiers dont ils
doivent prendre la tête.

Au premier avertissement de cette manœuvre, les Grenadiers
& Chasseurs se porteront vivement douze pas en avant, puis
par le flanc, se rapprochant de leur place au flanc de la colonne
qui va se reformer.

Si, étant par compagnies en sections, on commande :
*Bataillon, déployez, marche,* le second tiroir des premiers
pelotons des compagnies ne bougeant pas, le premier
marchera par la gauche *(peloton de manche droite)* dans les
seconds pelotons; le premier tiroir ne bougeant, le second

s'étendra à l'ordinaire ; puis tous les feconds s'aligneront avec les premiers, par deux pas en avant ; les Officiers & Sergens reprenant leurs places de feu.

On doit remarquer ici qu'on ne trouveroit pas au flanc des premiers pelotons, la place de la file d'Officiers, qui, dans l'ordre que l'on quitte, avoit paffé au flanc oppofé, fi les deux pelotons s'étoient joints dans cet ordre, fans conferver entr'eux le vide de cette file, à laquelle par cette raifon on avoit laiffé un Sergent.

Les Grenadiers & les Chaffeurs, au premier avertiffement pour le déploiement, marcheront quatre pas en avant ; puis par le flanc à leurs places, à la droite & à la gauche du bataillon déployé.

Si le bataillon étant déployé, on veut le mettre *par compagnies en fections,* le commandement fera le même qu'en partant de la colonne. On commencera, comme en toute autre manœuvre, par former les pelotons ; enfuite chaque fecond peloton ne bougeant, fon premier viendra s'attacher à lui, marchant par le flanc, & faifant le déplacement de la file d'Officiers.

Les Grenadiers & Chaffeurs, marchant auffi par le flanc, fe porteront en même-temps à la place qui leur a été indiquée.

# TITRE X.

## Se mettre en Bataille.

### ARTICLE PREMIER.

### Digreſſion ſur les points de vue.

· · · · · · · · · · · · · · · · · · · · · · · · · · · · ·

### ART. 2.

### Diſpoſition pour ſe mettre en bataille.

LORSQU'UNE colonne approchera du terrein ſur lequel elle devra ſe développer, elle ſe dirigera ſur le centre de la ligne qu'elle devra former.

Si le débouché par où elle y arrive, n'eſt pas directement en arrière de ce centre; au ſortir du débouché, elle s'y portera par le plus court chemin, au moyen d'un petit changement de direction dans ſa marche.

Si le débouché eſt derrière la droite ou la gauche de la ligne, & que le champ de bataille, n'ayant point de profondeur, la colonne ſoit obligée d'arriver à cette droite ou à cette gauche, l'*article 4* ci-après, expliquera ce qu'il ſera néceſſaire de faire.

La colonne de pluſieurs bataillons approchant du terrein où elle doit ſe mettre en bataille, commencera par doubler & raccourcir pour ſe mettre en double colonne, ſi elle n'y eſt déjà. Pour cela on fera les commandemens ſuivans:

    *G. S.* 1. *Double colonne.*

      *S.* 2. *à droite* ( & *à gauche.* )

      *S.* 3. *Marche.*

LES deux premiers ne feront qu'avertiffement.

AU troifième, les bataillons de jumelle droite, feront en marchant, *à droite;* ceux de jumelle gauche, *à gauche;* puis au moins dix pas pour déboîter les jumelles; ou, fi le terrein le permet, jufqu'à trente-fix & même plus, pour donner à la rue la largeur d'un intervalle en ligne. Enfuite on commandera, *à gauche* & *à droite, marche,* & tous les bataillons feront front en marchant au pas de manœuvre; excepté le premier de jumelle droite, qui continuera de marcher au pas ordinaire, que reprendra le premier de jumelle gauche, dès qu'il fera à hauteur. Tous le reprendront de même, à mefure que chacun d'eux aura regagné les diftances. Dans cette marche pour raccourcir, qui fe fera au pas de manœuvre, les bataillons marcheront *ferrés par tiroirs;* & même ceux qui auront un efpace confidérable à parcourir, pourront reprendre le pas de route au commandement de leur Officier fupérieur.

La double colonne ainfi formée & préparée, avant de procéder à fon développement, on s'occupera d'établir fon front dans l'alignement déterminé par les points de vue indiqués.

Il faut remarquer que les fannions de fon front, tiennent lieu de quatre jalons fur une ligne qui marche parallèlement à elle-même, & tient une longueur de vingt toifes, plus ou moins, felon la largeur de la rue; & qu'à la droite, comme à la gauche de cette ligne, fe trouvent des Officiers à portée d'en obferver les prolongemens. Si donc l'alignement déterminé par les points de vue, n'eft pas parallèle au front qui arrive, mais à la droite plus avancée, le prolongement des fannions rencontrera d'abord le point de vue de la gauche; & fi l'Officier de la droite reftoit à fon fannion, auffitôt après ce point de vue lui échapperoit derrière le prolongement de la ligne qui s'avance. Mais voulant tenir toujours ce point de vue par le fannion de la gauche, cet Officier de droite

s'avancera autant qu'il fera néceffaire, fe détachant en avant
de fon fannion droit. Alors il fera obfervé par l'Officier de
gauche, qui, dès qu'il verra par lui le point de vue de fa
droite, fera *halte*, ainfi que fon fannion & la jumelle à la
tête de laquelle il fe trouve : ce qui obligera l'Officier de
droite de s'arrêter auffi. Cependant ce dernier laiffera encore
avancer fon bataillon, chef de jumelle droite, jufqu'à ce qu'il
voie fon fannion gauche dans l'alignement du fannion de
jumelle gauche, & du point de vue de la gauche : alors il
commandera *halte* à ce bataillon, & par conféquent à la
jumelle droite.

Les fannions gauches étant ainfi dans l'alignement, les deux
bataillons changeront de direction *(Titre IX, art. 2)* autant
qu'il fera néceffaire pour y apporter auffi leurs fannions droits.
Les autres bataillons fuivront le même mouvement, pour fe
placer derrière les premiers, & préfenter chacune des jumelles
perpendiculaire à la ligne indiquée.

Il faut remarquer que, quoique pour préfenter plus nette-
ment le développement de la double colonne *( ci-après
article 4 )* on le faffe partir d'une direction perpendiculaire
à la ligne où elle doit fe développer, cette circonftance
n'eft cependant pas plus néceffaire que le parfait alignement
des droites & gauches de fes bataillons.

Si donc une colonne nombreufe arrive très-obliquement
fur la ligne de direction, après y avoir établi, comme on
vient de voir, le premier bataillon de chaque jumelle, on
ne s'arrêtera pas à y dreffer perpendiculairement tous les
fuivans ; mais le premier de la jumelle gauche changeant
de direction à gauche, chacun des fuivans en changera de
même à peu-près parallèlement, & partant ainfi du point

où il fe trouvera pour fe mettre en ligne; quant à ceux de droite, ils marcheront vers le point où ils doivent fe porter, changeant de direction en marchant auffitôt, & autant qu'il fera néceffaire. Tout ceci s'entendra mieux encore quand on y reviendra, après avoir vu l'*article 4.*

En même-temps que les bataillons s'établiront dans la ligne de direction, & que le refte de la double colonne fuivra ce mouvement, le Commandant commandera: *colonne rapprochée (Déf. 20.ᵉ Tit. VIII.)*

Les Officiers fupérieurs de tous les bataillons, excepté le premier de chaque jumelle, répéteront cet avertiffement, & enfuite le commandement, *marche,* auquel on *rapprochera* au pas de manœuvre, refferrant toute la colonne contre le premier bataillon.

La raifon de ne pas rapprocher auffi le premier bataillon de chaque jumelle, c'eft que fon front étant déjà fur l'alignement, ce feroit lui préparer la peine de reprendre en arrière les diftances des fections.

*Seizième Règle générale.* Dans tous les cas, pour fe mettre en bataille, on partira de cet état de double colonne rapprochée.

## ART. 3.

### *Différences dans l'ordre de bataille d'un Régiment.*

21.ᵉ Définition. METTRE *en bataille* un ou plufieurs régimens, c'eft en préfenter les bataillons en ligne, ayant entr'eux des intervalles, & chacun dans fon ordre de fimple colonne ferrée par fections *(Tit. VIII, art. 1, 18.ᵉ Définit.)*

22.ᵉ Définition. Mettre une ligne fur trois rangs, chacun de fes bataillons en même-temps par la manœuvre indiquée *(Tit. IX, art. 6.)* c'eft *déployer* la ligne.

On

On a fixé à fix toifes les intervalles entre les bataillons déployés *(Titre IV, article 1.er)* ; mais entre les bataillons en bataille, ils varieront felon l'étendue du terrein, la quantité de troupes, & l'objet qu'on fe propofera. Pour établir pourtant quelque chofe de fixe, ou du moins de primitif, on fuppofera, comme en effet il arrivera fouvent, que deux bataillons en bataille tiendront le front d'un feul déployé. De forte qu'un corps d'Infanterie égale le front d'un ennemi de même force, qui feroit déployé fur deux lignes. Suppofant donc les bataillons de cinq cents hommes fous les armes ou environ ; chacun pour front & intervalle, tiendra vingt-cinq toifes : & c'eft ainfi qu'on fe mettra en bataille, lorf-qu'il n'y aura pas d'ordre contraire.

Si l'on veut refferrer dans le front d'un bataillon déployé, non-feulement deux bataillons ; mais trois ou même quatre, on en fera l'avertiffement, en même temps que les com-mandemens néceffaires pour fe *mettre en bataille.*

Dans les intervalles ainfi refferrés, ou en avant d'eux, il ne reftera pas affez de place pour les Grenadiers & Chaffeurs ; mais feulement pour ces derniers. On mettra donc les Grenadiers en avant du front des bataillons, & les Chaffeurs en deux troupes fur les flancs.

On remarquera qu'affez généralement, dans les occafions importantes, les parties de lignes deftinées à agir, & qui devront décider la victoire, feront ainfi en bataille, avec des intervalles moindres que dans la difpofition primitive ; celle-ci n'aura guère lieu, du moins dans la totalité de la ligne, que pour le premier ordre de bataille, à la tête du camp.

G

# ART. 4.

*Développement de la double colonne en avant en bataille.*

LA double colonne étant formée, rapprochée, & son front sur la ligne de direction, le Commandant en chef commandera, *en bataille :* les Officiers supérieurs des bataillons répéteront ce commandement, auquel ceux de jumelle droite, ajouterons *à droite,* ceux de jumelle gauche, *à gauche ;* ce qui fera aussitôt exécuté sans répétition des Capitaines. *(Titre VIII, article 3),* ensuite au commandement, *marche,* répété de même par les Officiers supérieurs, les deux jumelles marcheront par le flanc s'éloignant l'une de l'autre.

Si la rue avoit la largeur fixée pour les intervalles dans la ligne, les premiers bataillons de chaque jumelle étant déjà à leur place, ne prendront aucune part à cette manœuvre : si la rue étoit plus étroite, ils marcheront par leur flanc, mais seulement pour prendre l'intervalle nécessaire. Dans ce dernier cas, un Adjudant marchera en avant du fannion droit du bataillon de droite, se dirigeant sur le point de vue de la droite ; un autre Officier ou Sergent, marchera de même en arrière du fannion gauche : la même chose en sens contraire, pour le bataillon de jumelle gauche ; & lorsque chacun des deux fera *halte* & *front,* on vérifiera l'alignement sur l'autre & entre les points de vue.

Les autres bataillons de chaque jumelle, pour marcher avec plus d'aisance, prendront des distances entre leurs manches ; & même si la colonne étant nombreuse, les derniers bataillons ont beaucoup de chemin à parcourir, ils en prendront aussi entre les tranches *(Titre IX, article 1).* Ils marcheront ainsi au pas de manœuvre, appuyant sur la gauche ou la droite, pour se rapprocher de l'alignement, & avoir moins à marcher lorsqu'ils auront fait front, sans cependant prendre une direction trop oblique.

Aussitôt que le premier bataillon de jumelle droite sera placé, le premier Sergent du flanc de manche droite, marchant au pas alongé, dans la direction du point de vue de la droite, comptera un nombre de pas égal au front que doit tenir en ligne chaque bataillon; l'Adjudant du bataillon suivant s'étant porté d'avance sur la ligne indiquée pour recevoir de lui la distance, & prendre lui-même l'alignement *(treizième Règle générale, Tit. IX, art. 6)*; cet Adjudant, ainsi placé au point où doit arriver son fannion droit, renverra le Sergent au premier bataillon. L'Officier supérieur qui conduit le second, arrivant à hauteur de son Adjudant commandera : *serrez les tranches, marche, à droite,* ( ou *à gauche*) *marche;* & lorsque son fannion droit sera à la place même de l'Adjudant, il commandera *halte* à son bataillon.

Au moment où le bataillon fait *front,* serrant les tranches, il doit porter les armes au commandement de son Officier supérieur, & ne remettre l'arme au bras qu'après qu'il sera placé en ligne, & même que le bataillon suivant sera placé & aligné sur lui.

On observera encore, 1.° Que dans la marche de front pour arriver sur l'alignement, le fannion droit *( jumelle droite)* soit plutôt en avant qu'en arrière du gauche : 2.° Que dans cette même partie de marche, les sections reprennent leurs distances : 3.° Qu'en même temps elles redressent autant qu'il peut être nécessaire, leurs rangs & files : 4.° Que pour plus grande facilité de ce redressement, & pour arriver mieux fur l'alignement, dans cette marche de front, où du moins fur fa fin, l'Officier fupérieur mènera fon bataillon au pas ordinaire.

Si la jumelle a plus de deux bataillons, chacun fe placera fur le précédent, comme le fecond fur le premier, & toujours par le moyen de la treizième règle générale ; l'Adjudant obfervant de fe régler moins fur l'alignement du bataillon précédent, que fur les fannions du premier bataillon & le point de vue.

La jumelle gauche fe mettra en même temps en bataille de la même manière, en fens contraire.

Les Grenadiers & Chaffeurs du premier bataillon de chaque jumelle, dès qu'on aura indiqué les points de vue, doivent démafquer le front, s'étendant à droite & à gauche, mais fans déployer encore, & retardant de quelques pas pour marcher à hauteur de la feconde fection; d'où ils fe porteront & déployeront à leur place dans la ligne, lorfque leur bataillon y aura lui-même pris la fienne. Ceux des autres bataillons refteront fur le front doublés par tiroirs, & fuivront le mouvement de flanc; puis lorfque leur bataillon fera *front* pour fe porter fur l'alignement, celui des deux pelotons qui a la droite *(jumelle droite)* marchera encore douze pas pour démafquer, après quoi il fera *front*, & arrivant fur l'alignement fe déployera; dans tout ce mouvement, fe tenant toujours plutôt en arrière qu'en avant du front du bataillon. Celui de ces pelotons qui a la gauche démafquera de même, marchant par le flanc douze pas de moins que ce bataillon, & arrêtant fa première file au point où fe trouve la dernière du bataillon, avant qu'il ait ferré les tranches.

## ART. 5.

*Arrivant à la gauche de la ligne, se mettre sur la droite en bataille.*

Si le terrein ne permet pas à la colonne de se diriger au centre de la ligne qu'elle doit former, & l'oblige d'arriver à la gauche, le Commandant y placera un Officier, & en enverra un autre aligné par lui sur un point indiqué vers la droite ; ensuite la colonne étant doublée & rapprochée, il commandera sur *la droite en bataille.* A cet avertissement, répété par les Officiers supérieurs, ceux de la jumelle droite, & du premier de jumelle gauche, ajouteront le commandement *à droite,* qui sera aussi-tôt exécuté ; au commandement *marche,* répété de même, tout marchera ; ce qui a fait à droite prenant les distances entre les manches ; le reste de la jumelle gauche en avant, & chacun de ses bataillons faisant *à droite,* au même point où l'a fait le premier, pour marcher à sa suite.

Dans cette marche du premier bataillon de chaque jumelle sur l'alignement, l'Adjudant & autre, Officier ou Sergent, marcheront ; l'un devant le fannion droit, l'autre derrière le gauche, s'alignant sur le point de vue de la droite, & cependant vérifiant quelquefois l'alignement sur le point de vue de la gauche. Ces Officiers & fannions, marchant ainsi sur la ligne de direction, & à la gauche du front des bataillons, en feront un peu détachés pour être plus sûrs que rien n'intercepte leur alignement.

Tous les bataillons de jumelle gauche, à mesure qu'ils arriveront sur la ligne de direction, manœuvreront de même ; & lorsque le dernier y arrivera, il fera *halte ;* celui qui le

- précède fera *halte* & *front*, ferrant les tranches auffi-tôt qu'il aura pris fa diftance fur la droite ; ainfi des autres, jufqu'au premier de jumelle droite inclufivement.

On peut remarquer que dans le cas fuppofé par cet article, il n'eft pas fort néceffaire que la jumelle gauche foit rapprochée, comme celle de droite : il feroit même commode que chaque bataillon y tînt, en hauteur & diftance, autant qu'il doit tenir en ligne pour front & intervalle ; puifqu'alors tous arriveroient en même-temps à leurs places.

Quant à ceux de jumelle droite, ils marcheront tous enfemble par la droite ; jufqu'à ce que le premier étant placé , les autres manœuvrent comme dans l'article précédent.

Les Grenadiers & Chaffeurs des bataillons de jumelle gauche, qui dans la double colonne étoient en avant des fannions, lorfqu'ils approcheront de l'alignement, fe placeront aux flancs de leurs bataillons, où ils refteront doublés par tiroirs : dans la marche de flanc, ils les précéderont ou les fuivront. Lorfque les bataillons feront *front ;* & joignant les fannions fe placeront fur l'alignement, les Grenadiers & Chaffeurs s'y avanceront auffi & déployeront.

## A R T. 6.

### *Se mettre en bataille, lorfque des obftacles s'oppofent au développement.*

Si dans le chemin que fuit une jumelle, il fe préfente quelqu'obftacle, fi par exemple cette jumelle étant de huit bataillons, le cinquième & le fixième en faifant le développement rencontrent une flaque d'eau, les quatre premiers continueront de marcher par le flanc, ainfi que les deux derniers, paffant derrière l'obftacle; les deux qui le rencontrent feront front, par un à droite ou à gauche en marchant, pour doubler derrière le troifième & le quatrième, en fe rapprochant de l'alignement; & enfuite feront un à gauche ou un à droite & marcheront à leur fuite. La manœuvre s'achèvera ainfi fans difficulté, & fans que ces deux bataillons aient été fenfiblement retardés.

De même fi le terrein n'a pas affez de profondeur pour une jumelle entière, s'il n'en peut marcher qu'une partie, qu'un bataillon même, la manœuvre fera toujours la même, fans être effentiellement dérangée, ni fort retardée; dès qu'on en aura faifi le principe, dans tous les cas on faura facilement l'exécuter.

## A R T. 7.

### Se mettre en bataille en arrière.

Si l'on a befoin de fe mettre en bataille, du côté oppofé à celui vers lequel on marchoit, ce fera fans doute parce que dans la marche on laiffoit l'ennemi derrière foi. Mais dans ce cas on étoit en colonne renverfée : ( *Titre VI, article 3, feptième Régle générale* ) par conféquent un fimple demi-tour à droite remettra toute la colonne dans fon état naturel, faifant front à l'ennemi, & n'ayant plus qu'à fe développer, comme l'indique l'*article 4.*

Si cependant le changement de front en arrière eft imprévu, & la double colonne dans l'ordre direct obligée de faire front en bataille, du côté oppofé à celui de fa marche; le premier bataillon de chaque jumelle fera le changement de front en arrière, ( *Titre IX, article 4* ) &

tous les autres de même à fa fuite. Enfuite on fera, fi on en a le temps, le paffage des jumelles, ( *Titre XII, article 7* ) puis on rapprochera, & on fe mettra en bataille à l'ordinaire.

Si on veut s'épargner le paffage des jumelles, ( qui pourtant eft prompt & facile ) il n'en réfultera d'autre inconvénient que celui d'avoir la droite de la ligne à la gauche. Si l'on veut s'épargner auffi le changement de front en arrière, les bataillons, quoique préfentant leurs derniers rangs, feront également en état de combattre. Dans ce cas on peut fans renverfer les jumelles, après le fimple demi-tour à droite, au lieu de faire à l'ordinaire le développement de la double colonne, faire marcher fes derniers bataillons, ( devenus premiers ) l'un par la gauche, l'autre par la droite, pour s'étendre fur la ligne de direction ; tous les autres faifant fucceffivement au même point le même mouvement; excepté les deux premiers, qui arriveront les derniers fur cette ligne à la place même qu'ils y doivent occuper.

## A R T. 8.

### Se mettre à droite en bataille.

Si la double colonne veut fe mettre en bataille fur droite, après avoir indiqué les points de vue & placé quelques Officiers fur la ligne de direction, on placera le dernier bataillon de jumelle droite, à la place qu'il doit occuper dans la ligne ; & il s'y portera, faifant en marchant fon changement de front à droite; *( Titre IX, article 3 )* les autres bataillons de la même jumelle fe placeront fucceffivement à la gauche de celui-ci, faifant de même leur changement de front en marchant, & fe conformeront à la treizième règle générale.

Après

Après le premier de cette jumelle droite, se placeront de même & par des changemens de front en marchant, le premier de la jumelle gauche & les suivans.

## ART. 9.

### *Se mettre en bataille sur deux lignes.*

Lorsque la ligne en bataille se trouvera au moment & en position de faire usage de sa mousqueterie, tous les bataillons déploieront *(Titre IX, article 6)* au commandement qui en sera fait par le Commandant, & répété par les Officiers supérieurs.

Si la ligne étoit en bataille, tenant deux bataillons dans l'étendue d'un seul bataillon déployé, avant de la déployer, on retirera en arrière ceux de deuxième ligne; mais pour peu qu'on soit pressé de faire usage de son feu, on retirera plutôt les dernières sections de tous les bataillons; & on fera à l'ordinaire le déploiement des premières, alors ce déploiement sera encore de moitié plus prompt que le déploiement total.

# TITRE XI.

## *Marche en Bataille.*

### ARTICLE PREMIER.

La disposition de chacun des bataillons d'une ligne qui marche en bataille, rend cette marche infiniment facile, & permet indifféremment tous les pas. La ligne marchera en bataille au pas de manœuvre, aussi-bien qu'au pas ordinaire. On pourra dans cette marche avoir l'*arme au bras*,

H

& ne porter les armes qu'en approchant de l'ennemi. Enfin tant qu'on n'en fera pas très-près, & qu'il ne fera queftion que d'avancer, on pourra marcher, même au pas de route ; mais à tout commandement *halte*, on ferrera & portera les armes, & ce ne fera qu'après avoir remis la ligne en mouvement, qu'on pourra permettre plus d'aifance. . . . . . . . . . .

Si la ligne n'a d'autre objet que de marcher parallèlement, le bataillon d'alignement prendra fon point de vue fur le prolongement de fa file droite. Les autres fe règleront fur lui, par l'alignement des fannions, & l'obfervation des intervalles ; l'Officier fupérieur qui verra les fiens s'altérer, y remédiera en commandant, *oblique à droite* ( ou *à gauche* ), puis *en avant*.

Les Grenadiers & Chaffeurs marcheront dans les intervalles, alignés fur le front des bataillons, & plutôt en arrière qu'en avant. Ils rendront très-fenfible la plus petite altération de ces intervalles ; s'il s'y rencontre quelqu'obftacle, ils l'éviteront, doublant par tiroirs, & fe plaçant fur le front de la manche, au flanc de laquelle ils étoient.

Si l'obftacle fe rencontre dans le chemin d'un bataillon, il l'évitera par le pas oblique ou la marche de flanc, au choix & au commandement de fon Officier fupérieur ; & après l'avoir dépaffé, il rentrera en ligne. Tant qu'il fera hors de fa direction, il marchera plus vîte, pour tenir toujours, s'il le peut, fes fannions dans l'alignement, ou au moins les y rapporter le plus tôt poffible.

Tous les bataillons doivent fe tenir plutôt en arrière qu'en avant du bataillon d'alignement.

## ART. 2.

## *Changement de direction d'une Ligne qui marche.*

Si le Commandant veut changer de direction, avançant par exemple la droite de la ligne plus que la gauche, il changera, de pied-ferme, la direction du bataillon d'alignement. L'alignement de ses fannions se prolongera alors en arrière de tous ceux qui font à fa gauche, & en avant de tous ceux de la droite. Cette gauche fera *halte*, ainfi que le bataillon d'alignement, qui s'arrête lui-même, jufqu'à ce que tous ceux de la droite foient arrivés fucceffivement fur la nouvelle ligne de direction; ce qu'ils feront au pas de manœuvre, faifant leur changement de direction en marchant. Pendant cette marche, l'Adjudant du bataillon, qui eft à la droite du bataillon d'alignement, fe portera légèrement fur la nouvelle ligne, où il fe placera fur la direction donnée par les fannions du bataillon d'alignement, un Sergent de ce bataillon lui indiquant la diftance pour l'établir avec l'exactitude de la treizième règle générale; tous les autres bataillons de la droite en uferont de même. Il faut pourtant obferver que fi le changement de direction eft peu confidérable, ils arriveront fur le nouvel alignement fi rapidement, que le Sergent du bataillon précédent n'aura pas le temps de marquer fa diftance; mais s'il vient après que le bataillon fera placé & dreffé, il fervira au moins à vérifier l'intervalle, & faire connoître ce qu'il peut y avoir à rectifier pour arriver à une exactitude plus grande.

Lorfque tous les bataillons de la droite feront alignés, le bataillon d'alignement fe remettra en mouvement, & avec lui toute la droite de la ligne: tous les bataillons de gauche

fuivront le mouvement, à mefure que leurs fannions fe trouveront dans le prolongement de ceux de la droite.

## ART. 3.
### Marche en retraite en bataille.

TOUTE la ligne fera demi-tour à droite pour marcher
en arrière; les Grenadiers & Chaffeurs refteront à hauteur
des premières fections devenues dernières: tous les Officiers
conferveront de même leurs places: feulement, à moins que
cette marche ne foit que pour quelques pas, les fannions fe
porteront fur le nouveau front, toujours accompagnés &
obfervés par l'Adjudant, & autres Officiers ou Sergens. Avant
de fe porter ainfi de la tête à la queue, l'Adjudant, fur le
prolongement de la file droite ( devenue gauche ) prendra
un nouveau point de vue, fur lequel il marchera, y étant
maintenu par l'Officier fupérieur qui refte à la tête ( devenue
queue ).

Si quelque embarras dans les intervalles, empêche les
Grenadiers & Chaffeurs, d'y marcher, ils doubleront derrière
les premières fections (devenues dernières).

Pour cette marche en retraite, le Commandant commandera, *bataillons, demi-tour à droite :* à ce commandement
répété par les Officiers fupérieurs, & auffitôt exécuté, les
fannions & Adjudans fe déplaceront. Au commandement,
*marche,* fait & répété de même, toute la ligne s'ébranlera.

## ART. 4.
### §. I.
### Marche de Flanc en bataille.

LORSQUE le Commandant fera le commandement

à droite, *colonne de flanc*, ou feulement fera marcher par la
droite fon bataillon d'alignement, les Officiers fupérieurs
commanderont, *bataillon à droite, marche*; puis *manches,
diftances*; & enfin *fections, diftances (Titre IX, article 1.er)*:
les Grenadiers & Chaffeurs feront *par tiroirs à droite*, puis
marcheront dans les intervalles, précédant ou fuivant leurs
bataillons: les Officiers fupérieurs & les Adjudans, marcheront en avant ou en arrière des fannions, les tenant
dans la ligne de direction.

Pour arrêter la ligne & la remettre de front, on commandera, &c. *( mêmes Titre & article )*.

23.e
Définition.

## §. 2.

### Marche de Flanc d'une ligne déployée.

LA ligne déployée dont l'objet n'eft point de marcher
en avant *( Titre IV, article 1.er, feconde règle générale )*,
puifqu'elle n'eft ordinairement déployée qu'à l'occafion
d'un obftacle, qui couvrant fon front, la réduit au combat
de moufqueterie, peut quelquefois avoir à marcher par fon
flanc: par exemple, pour filer par la droite le long d'un
ruiffeau qu'elle borde, & fur lequel l'ennemi de fon côté
s'étend par fa gauche.

Dans ce cas, au commandement *à droite, colonne de flanc*,
fait par le Commandant & répété par les Officiers fupérieurs,
les Capitaines commanderont, *formez le peloton (Titre VI,
article 2 )*, & auffitôt après l'Officier fupérieur fera les
deux commandemens, *par peloton à droite, marche*.

24.e
Définition.

Les Grenadiers & Chaffeurs feront les mêmes mouvemens que les autres pelotons, doublant par tiroirs, puis
faifant leur quart de converfion à droite.

On voit que cette *colonne de flanc à droite*, n'est autre chose qu'une colonne par pelotons, dans laquelle la manche droite tient la tête, ses pelotons quoique marchant de front, étant en ordre renversé; & ceux de la manche gauche qui a la tête, sont en ordre direct.

Au commandement *marche*, fait par le Commandant, répété par les Officiers supérieurs & par les Capitaines, toute la colonne ainsi formée, s'ébranlera en même temps.

Dans cette marche, on aura soin de conserver exactement les distances des pelotons, ainsi que l'alignement de leurs gauches, qui doivent servir de pivots pour les remettre de front, sur la ligne où l'on devra les déployer; & comme dans les pelotons de manche droite, il n'y a pas d'Officier à cette file gauche, le Lieutenant de chaque peloton y passera au premier rang pour le conduire.

Au commandement *halte*, répété par les Officiers supérieurs & Capitaines, la colonne s'arrêtera, serrant les rangs de chaque peloton, & rectifiant l'alignement des files de gauche.

Ensuite le Commandant en chef commandera, *déployez*; & à ce commandement, les Officiers supérieurs commanderont, *par peloton à gauche, en ligne, marche*; à ce dernier, tous les pelotons se remettront en ligne par un quart de conversion, & aussitôt après, aux commandemens de leurs Capitaines, tous en même temps se déploieront.

# TITRE XII.

*Mettre une ligne en colonne pour la marche.*

## ARTICLE PREMIER.

### *Marche en avant.*

POUR mettre en marche une ligne ou partie de ligne, qui doit dans la marche former une colonne, le Commandant en chef commandera, *double colonne ;* à ce commandement, les Officiers supérieurs des deux premiers bataillons, qui font au centre de la ligne, commanderont, *en avant ;* ceux des bataillons de la droite commanderont, *à gauche ;* ceux de la gauche commanderont, *à droite.*

Ensuite au commandement *marche ,* répété par les Officiers supérieurs *, toute la ligne s'ébranlera, les deux premiers bataillons formant la tête de la double colonne, dans laquelle entreront successivement tous les autres, qui feront *front* dès qu'ils seront arrivés, au point d'où sont partis les premiers.

Dès le premier avertissement, les Grenadiers & Chasseurs des deux premiers bataillons, doubleront par tiroirs, & se porteront sur le front de leurs bataillons, qu'ils ne quitteront plus ; ceux des autres bataillons doubleront aussi, & se porteront dix pas en avant de la ligne des fannions ; puis marcheront par le flanc avec leurs bataillons, & se placeront sur le front de ceux-ci, au moment où ils entreront dans la colonne.

---

* Ici, & dans tous les cas semblables, on entend bien qu'il n'est parlé que de ceux qui commandent les bataillons, & non pas du Colonel ni du Major.

Marchant ainsi en double colonne, si le terrein l'exige, on resserrera sa rue; s'il se resserre davantage, on se mettra en simple colonne, ou même en colonne par pelotons ou par tranches *(Titres VI & VIII.)*

### ART. 2.

## *Marche en avant, le débouché étant devant la droite de la ligne.*

Si le débouché est en avant de la droite, & trop près pour que la colonne partant du centre, puisse facilement s'y porter par un simple changement de direction en marchant, on commandera, *double colonne, sur la droite, marche.* A ce commandement, répété par tous les Officiers supérieurs, ceux seulement des deux bataillons du centre & de toute la gauche, ajouteront, *en avant;* puis au commandement *marche,* qui ne sera répété non plus que par eux, tous ces bataillons marcheront quatre-vingts pas : (Si le terrein n'en permettoit que cinquante, toute la droite, qui ne bouge encore, en marcheroit trente en arrière).

Ensuite l'Officier supérieur du premier bataillon, suivi par tous ceux de la gauche, commandera, *à droite, marche;* à ce commandement, tous les bataillons marcheront par leur droite, jusqu'à ce que les deux premiers étant arrivés en face du débouché, on leur commande, *à gauche, marche;* tous ceux qui les suivoient feront de même, au même point où le premier de la gauche aura fait *front*, & marcheront à sa suite formant la jumelle gauche.

Quant à ceux de la droite, il ne leur sera point fait de commandement général; mais lorsque le premier de cette droite & ceux de la gauche, s'étant portés en avant, auront

fait

fait *à droite,* le fecond de la droite, au commandement de fon Officier fupérieur, marchera en avant quarante pas, puis faifant de même *à droite,* marchera à hauteur du premier, de forte que lorfque celui-ci arrivera au débouché, le fecond faifant *front* en même temps, fe trouvera derrière lui, & prêt à le fuivre.

Dès que le fecond bataillon de la droite aura dépaffé le troifième, celui-ci fera de même quarante pas en avant, puis à droite marchant à fa fuite & à hauteur du premier de la gauche; lorfqu'il fera arrivé au débouché, il fera *front* au même point où l'a fait le deuxième, pour marcher à fa fuite, dans la jumelle droite, & ainfi des autres.

## A R T. 3.
### *Marche en retraite.*

POUR marcher en retraite, en colonne renverfée, le Commandant commandera, *en retraite, double colonne;* à moins qu'il ne préfère d'envoyer feulement cet ordre, aux deux Officiers fupérieurs des derniers bataillons de droite & de gauche. A ce commandement, les autres bataillons ne bougeant pas encore, ces Officiers fupérieurs commanderont *demi-tour à droite* & *marche ( Titre XI, article 3 );* après avoir fait ainfi quarante-cinq pas, celui du bataillon de droite, commandera, *à droite, marche,* & arrivé en arrière du bataillon, qui en ligne étoit à fa gauche, *à gauche, marche.* Alors ce dernier bataillon fera *demi-tour à droite,* &c. & tous deux ayant marché en arrière quarante-cinq pas, puis par le flanc, feront de même fuivis du troifième, & ainfi des autres. Ceux de la gauche manœuvreront de même, marchant quarante-cinq pas en retraite, puis foixante-quinze par la gauche pour fe mettre en arrière de celui de leur

I

droite; jufqu'à ce que tous étant arrivés en arrière des deux premiers bataillons, centre de la ligne, ceux-ci feront *demi-tour à droite*, & marcheront à la fuite de la double colonne.

Les Grenadiers & Chaffeurs fuivront fur les flancs de leurs bataillons, comme dans la marche en retraite en bataille; & à mefure que ces bataillons entreront dans la colonne, arrivant derrière ceux qui les précèdent, les Grenadiers & Chaffeurs s'y placeront derrière les premières fections devenues dernières.

<h2 style="text-align:center">A R T. 4.</h2>

### *Marche en avant partant de l'ordre déployé.*

Au commandement, *double colonne*, tous les Officiers fupérieurs commanderont à leurs bataillons, *bataillon en colonne*, &c. *( Titre IX, article 6 )* ; après quoi on manœuvrera, comme l'indique l'article premier, fans aucune différence. Il faut feulement remarquer, que partant de cet ordre alongé, les intervalles dans la double colonne, feront énormes; à moins donc qu'on ne prévoie, qu'on fera bientôt obligé de fe mettre en colonne de moindre front; il faudra pour la raccourcir, que la queue marche long-temps au pas de manœuvre, chaque bataillon ne fe remettant, comme la tête, au pas de route, qu'après avoir regagné fa diftance : fi toutefois, l'on n'a pas commencé par ferrer la ligne, en marchant des flancs au centre.

<h2 style="text-align:center">A R T. 5.</h2>

### *Marche partant de l'ordre déployé, le débouché étant devant la droite.*

Dès que chaque bataillon aura formé la colonne, ce fera le cas de l'article deuxième.

## ART. 6.

*Marche en retraite, partant de l'ordre déployé.*

AU commandement, *en retraite, double colonne*, ou à l'ordre qui en fera envoyé au dernier bataillon de la droite, l'Officier fupérieur de ce bataillon, commandera, *en retraite, formez la colonne.*

Auffitôt les Crenadiers & Ghaffeurs, au commandement de leurs Capitaines, marcheront fix pas en avant: puis par le flanc, pour couvrir le dernier peloton de la manche fur le flanc de laquelle ils étoient; & lorfqu'ils feront devant ce peloton, ils feront *halte & front.*

Le Capitaine de ce dernier peloton, commandera enfuite, *peloton*, 1. *demi-tour à droite;* 2. *marche.* Au deuxième commandement, fon fecond tiroir marchera quatre pas, le premier feulement deux. Enfuite il commandera 1. *à droite;* (fi c'eft un peloton de manche droite), 2. *marche.* A ce mot, le premier tiroir marchera au pas ordinaire, le deuxième au pas de manœuvre, jufqu'à ce que le doublement étant fait, le Capitaine commandera, *pas de manœuvre, marche.*

Les Officiers & Sergens reprendront dans ce doublement leurs places de manœuvre. Pour cela les ferres-files du premier tiroir s'avanceront affez pour laiffer au deuxième la place de doubler; après quoi ils attendront la dernière file; à laquelle ils doivent s'attacher. Au contraire le Sergent-major, qui doit refter en ferre-file, s'attachera à la première file qu'il conduira. Mais ceci ne regarde pas le dernier peloton de chaque manche, pour qui les places de manœuvre ne font pas différentes des places de feu. *(Titre IV.)*

I ij

Dès que le dernier peloton de chaque manche marchera par le flanc, comme on vient de le voir, les Grenadiers & Chaffeurs, feront un nouvel *à droite* ou *à gauche*, pour fe porter de même fur le front du peloton fuivant, devant lequel ils feront *front*, & qui auffitôt manœuvrera, comme a fait le dernier, pour marcher à fa fuite, & ainfi des autres.

Les derniers de droite & de gauche, ayant filé derrière le bataillon déployé, & s'étant joints en arrière des premiers pelotons, par un *à gauche*, & un *à droite*, en marchant, feront tête en arrière, & marcheront formant la quatrième feétion de la colonne. Les fuivans formant au même point la troifième, marcheront à leur fuite; & ainfi de la feconde & première feétion.

Enfin, les Grenadiers & Chaffeurs fe joindront fur le front des premiers pelotons, dont les premiers tiroirs ne bougeront pas encore; les féconds feuls feront *demi-tour à droite*, puis *deux pas*, puis *à droite* & *à gauche* pour doubler. Après quoi, les premiers feront *demi-tour à droite*, les derniers un fecond *à droite* ou *à gauche;* & la première feétion ainfi formée, marchera à la fuite des trois autres.

Les Grenadiers & Chaffeurs manœuvrant de même à leur tour, doubleront & marcheront à la fuite de la colonne.

. . . . . . . . . . . . . . . . . . . . . . . . . . . . . . . . . . . .

Le bataillon ainfi formé en colonne, manœuvrera comme on a vu à *l'article 3.*

Il faut remarquer que chaque bataillon ne doit pas commencer fa formation de colonne en retraite, avant que celui qui l'a faite avant lui, ne foit parvenu en arrière de fa droite ou de fa gauche; afin que ce dernier foit toujours couvert dans fa marche de flanc.

On doit remarquer encore que, cette manœuvre fe faifant à portée de l'ennemi, chaque peloton peut continuer à faire feu, jufqu'au moment où les Grenadiers viennent le couvrir; & que ces Grenadiers & Chaffeurs eux-mêmes, dans toutes leurs ftations fur le front des pelotons, peuvent continuer le feu de files; mais quoiqu'il n'y ait pas pour eux de difficulté réelle à en ufer ainfi, cela demandera un peu d'exercice & d'habitude.

## A R T. 7.

### *Marche en arrière, pour faire front en arrière.*

POUR marcher en arrière, non pas en retraite & en colonne renverfée, mais faifant *front* réellement du côté oppofé au front de la ligne; on commandera *en arrière double colonne*, & auffitôt les Officiers fupérieurs commanderont, *bataillon en arrière, changez de front. (Titre IX, article 4.)*

Ce changement fait pour tous les bataillons; on commandera aux deux premiers, qui font au centre, *en avant, marche;* & en même temps à tous ceux de la droite (devenue gauche), *à droite, &c. marche;* à ceux de la gauche, *à gauche, marche,* pour former la double colonne, comme à *l'article 1.er*

Enfuite, pour faire difparoître l'inverfion des jumelles, le Commandant commandera; *paffage des jumelles, bataillons, rapprochez, marche;* alors les Officiers fupérieurs de jumelle gauche (actuellement droite), commanderont, *bataillon, halte, rapprochez, marche:* ceux de jumelle droite ne feront le même commandement qu'après avoir marché trente pas;

puis les deux jumelles fe trouvant, tant pleines que vides, & le plein de l'une à hauteur du vide de l'autre, le Commandant commandera, *à droite & à gauche, marche.* A ce commandement, répété par les Officiers fupérieurs, chacun pour ce qui le concerne, les jumelles pafferont au pas de manœuvre; & après avoir donné la largeur de la rue, on les remettra de front, en marchant par des *à droite* & *à gauche;* auffitôt on leur fera reprendre les diftances des fections, remettant la jumelle droite au pas ordinaire, auquel on ne remettra la gauche, que lorfqu'elle aura regagné les trente pas dont elle eft en arrière.

> *Nota.* Le paffage des jumelles n'eft utile qu'autant qu'on veut refter en double colonne : car en fe formant en une colonne fimple, chaque bataillon à fa place, l'inverfion difparoîtroit. Il eft d'ailleurs facile d'apercevoir que dans la circonftance fuppofée par cet article, on a toujours du temps à foi.

A R T. 8.

*Même objet, mais partant de l'ordre déployé.*

Au commandement, *en arrière, double colonne,* les Officiers fupérieurs commanderont, *bataillon, en arrière, en colonne,* & auffi-tôt après, les Capitaines *formez le peloton;* & *(Titre VI, article 2)* enfuite l'Officier fupérieur commandera, *par peloton à droite & à gauche, marche.* Et à ce commandement, tous feront la *demi-converfion;* ceux de manche droite *à droite,* ceux de manche gauche *à gauche,* chaque peloton s'arrêtant au commandement *halte,* qui lui fera fait par fon Capitaine, au moment où il verra le côté qui tourne arrivé dans la ligne des pivots; à ce même commandement, le Sergent-major qui s'étoit porté au côté qui a tourné, & le Lieutenant qui étoit refté en ferre-file, *(Titre VII, article 5)* reprendront leurs places de manœuvre.

Les pelotons ainſi diſpoſés, faiſant face en arrière, l'Officier ſupérieur commandera, *colonne par pelotons*, *marche*. Alors le Capitaine commandant le premier peloton de chaque compagnie, commandera, *en avant;* celui du ſecond peloton, *à droite* ou *à gauche;* & au commandement, *marche*, de l'Officier ſupérieur, répété par les Capitaines, tous les premiers pelotons marcheront en avant, tous les deuxièmes, par le flanc, pour doubler derrière eux. Enſuite le deuxième de première compagnie fera *front;* dans les autres compagnies au contraire, le premier fera *à droite* ( compagnie de manche droite ) ou *à gauche* ( compagnie de manche gauche ), puis les deux pelotons de la première compagnie marchant en avant, ceux de la deuxième les ſuivront, & ainſi des autres.

Les Grenadiers & Chaſſeurs, auſſi-tôt après le doublement & la demi-converſion, ſe porteront par le plus court chemin, en avant du front de la colonne qui va ſe former.

La colonne par pelotons ainſi formée, on mettra chaque bataillon en ſimple colonne qui ne ſera point invertie; & l'on achèvera la manœuvre pour former la double colonne, comme dans l'article précédent.

## A R T. 9.
### *Marche de front à droite.*

POUR marcher à droite, non pas par le flanc, mais y faiſant front, dans l'ordre de marche accoutumé, on commandera, *à droite, double colonne*. A ce commandement, tous les Officiers ſupérieurs commanderont, 1. *à droite, changez de front*, 2. *bataillon en avant, marche;* & auſſi-tôt des Capitaines de première ſection commanderont, *tournez à droite. (Titre IX, articles 3 & 4.)* La quatrième ſection de chaque bataillon ayant fini fon mouvement, l'Officier fupérieur commandera, *halte*, à fon bataillon.

Les Grenadiers & Chaffeurs au premier avertiffement, doubleront par tiroirs, & fe porteront légèrement à la place qu'ils doivent occuper pour la marche, fur le front de leur bataillon.

Les bataillons ainfi difpofés, & la ligne formant une efpèce de colonne, ceux de la gauche qui en ont la queue feront *à gauche*, au commandement de leurs Officiers fupérieurs, marcheront quarante pas, puis feront *à droite*; enfuite au commandement *marche*, répété par ces Officiers, toute cette gauche fe mettra en marche.

En même-temps, la droite ne bougeant point encore, le premier bataillon de droite, au commandement de fon Officier fupérieur, fera *à gauche*, marchera vingt pas, fera *à droite*, puis marchera à côté & à hauteur du premier de la gauche; dès que tous deux auront dépaffé le deuxième de la droite, celui-ci manœuvrera de même, puis marchera à la fuite du premier, & à hauteur de fon correfpondant; ainfi des autres, jufqu'à ce que le dernier de la droite étant entré dans la jumelle, la double colonne foit formée, & en même-temps avancée de toute fa longueur, au-delà du point où étoit d'abord la droite de la ligne.

### A R T. 10.
*Même objet, mais partant de la ligne déployée.*

CHAQUE bataillon fe formera d'abord en colonne, faifant en même temps fon changement de front à droite, & cette première manœuvre exécutée, il ne reftera plus qu'à faire celle de l'article précédent.

Pour

Pour faire cette formation de colonnes, & changement de front en même temps; au commandement général, *à droite, double colonne,* les Officiers supérieurs de chaque bataillon, leur commanderont, *à droite, en colonne (Titre XI, article 5),* ce qui s'exécutera comme on a vu, formant les pelotons; puis faisant par *peloton à droite.* Ensuite dans tous les bataillons en même temps, au commandement de l'Officier supérieur, toute la manche gauche qui forme la queue de la colonne, fera *à gauche,* puis vingt pas, se remettra au nouveau front par un *à droite,* & marchera. En même temps les autres pelotons de manche droite ne bougeant point encore, le premier fera aussi *à gauche,* marchera dix pas; se remettra au nouveau front par un *à droite,* & marchera à hauteur du premier de manche gauche, son correspondant. Dès que tous deux auront passé devant le second de manche droite, celui-ci manœuvrera comme le premier, pour marcher à sa suite à hauteur du second de manche gauche, & ainsi des autres, jusqu'à ce que le dernier de manche droite étant entré dans la colonne, cette colonne se trouvera entièrement formée, & portée de toute sa profondeur au-delà du point où étoit la droite du bataillon déployé.

Le peloton de Grenadiers ou Chasseurs, qui étoit à la droite de ce bataillon, après avoir doublé par tiroirs, & fait, ainsi que les autres, son quart de conversion *à droite,* attendra la tête de la colonne, où il se placera sur le front de la manche droite; l'autre peloton, qui étoit au flanc gauche, manœuvrera comme ceux de la gauche; mais faisant, après s'être remis au premier front, vingt pas au lieu de dix; & après s'être remis au nouveau front, pressant

K

fa marche, pour aller prendre la tête de cette manche, dont il a la queue.

Les bataillons ainfi formés en colonnes, & ayant changé de front, la manœuvre s'achèvera comme celle de l'article précédent, prife au point où ils fe trouvent dans la même pofition.

## A R T. I I.

### *Marche de flanc à droite.*

CETTE manœuvre, foit qu'elle parte de l'ordre de bataille habituel, ou de l'ordre déployé, ne diffère en rien de celles qu'on a vues *(Titre XI, article 5)*, puifque les colonnes pour la marche, ne font autre chofe que les lignes, marchant par la droite dans leur ordre de bataille.

## A R T. I 2.

### *Obfervation pour les marches de route.*

LOIN de l'ennemi, pour moins d'embarras dans des chemins difficiles ou très-fréquentés, on pourra marcher en colonnes par tranches; mais à la guerre, toujours autant qu'il fera poffible, en fimple colonne, & même en double colonne; & dans tout autre cas que celui d'une marche de flanc, toujours par le front des divifions.

Les Officiers étant à cheval, le Sergent-major prendra la place indiquée pour le chef de peloton; lorfque la colonne eft au pas de route *(Titre VIII, article I.er)*, le bas Officier du fecond rang paffera au premier, à la place du Sergent-major. Les Officiers feront aux deux flancs, à quelque diftance, & à hauteur de leurs places; à moins qu'à caufe de la pouffière, on ne les faffe paffer tous du même côté;

ou que n'ayant pas affez de terrein pour continuer de marcher aux flancs du bataillon, ils ne fe partagent à fa tête & à fa queue.

# TITRE XIII.
## Paſſage de Défilé.

ON a vu le paſſage de défilé en colonne de marche. *(Titre VIII, article 5)*. Il s'agit ici du paſſage de défilé, marchant en ordre de bataille.

Un défilé étant affez ferré pour ne pas contenir le front du bataillon en colonne, l'Officier fupérieur, s'il eſt fort près de l'ennemi, au lieu de commander, comme il feroit dans une fimple marche, *colonne, par peloton,* commandera *manches, par tranches ;* & à ce commandement, chacune des deux manches en même temps fera le doublement de colonne par pelotons, à colonne par tranches *(Titre VI, article 3) :* chaque peloton de manche droite, reſtant toujours joint à fon correfpondant de manche gauche : & les manches ne fe mêlant point. Après avoir paſſé le défilé, au commandement, *fection en bataille, marche,* fait à chacune par fon premier Capitaine, les tranches qui ont doublé, reprendront par le pas oblique, leurs places, aux flancs de celles qui ont paſſé les premières, & pour cela dès qu'elles auront dédoublé, on leur commandera, *en avant, marche.*

Si le défilé étoit tellement ferré qu'il fallût doubler encore, chaque tranche doubleroit encore de même, fes deux files gauches paſſant les premières dans les pelotons de manche droite, & le contraire dans celles de manche gauche, de

K ij

forte que des quatre files que tiendroit le défilé; il y en auroit toujours deux de chaque manche.

Les Grenadiers & Chasseurs passeront de même avant la première section.

Il est bien entendu que le passage de défilé en retraite, se fera de la même manière *(septième Règle générale, Titre VI, article 3 )*.

Si toute une ligne ou partie d'une ligne, doit passer un défilé, qui peut tenir de front deux bataillons en colonne, ceux qui se trouvent en face y entreront; tous ceux de leur droite & de leur gauche passant à leur suite, & formant une espèce de double colonne, dont les jumelles seront inégales; si le défilé n'est pas au centre de la ligne ou de la division. Lorsque le terrein s'ouvrira, la ligne se reformera à l'ordinaire *( Titre X, article 4 ) :* cette formation s'arrêtant au point où manque le terrein, & le reste de la jumelle marchant à la suite du bataillon remis le dernier en ligne. . . . . . . . . . . .
. . . . . . . . . . . . . . . . . . . . . . . . . . . . . . . . . . . . . . . . . .

Si le passage de défilé est en retraite, la double colonne se formera en retraite *(Titre X, article 3 );* la partie non reployée, couvrant toujours la colonne & le défilé. Pour cela, s'il n'est pas au centre de la ligne, la partie droite ayant sept bataillons, la gauche n'en ayant que cinq, on reploiera d'abord les deux derniers de la droite; le dernier de la gauche ne se reployant qu'en même temps que le troisième, à compter par la droite.

Si la ligne étant déployée, il s'agit de passer un défilé en avant, après avoir éloigné l'ennemi, des obstacles à travers lesquels se trouve ce petit débouché, les bataillons se remettront en colonne, & la ligne passera, comme si elle n'eût pas été déployée. Quand elle aura mis les obftacles derrière elle, comme il ne s'agira plus de tirer, mais de marcher, elle n'aura plus befoin de fe déployer.

Souvent dans ce cas, un bataillon, pour paffer le défilé, ne fe formera pas tout-à-fait en colonne, mais feulement par compagnies, ou même par pelotons; & après avoir ainfi paffé, profitant des paffages, tels qu'ils fe trouveront, réunira aifément en colonne fes différentes parties.

Si la ligne déployée a le défilé derrière elle, le paffage fe fera comme partant de la ligne en bataille; chaque bataillon formant d'abord en retraite la colonne *(Titre XII, article 6)*.

Si un bataillon déployé, après avoir paffé le défilé en retraite, doit encore fe déployer; fi par exemple il fe trouve entre deux Navilles, & qu'après avoir repaffé le dernier, il veuille le border, comme il bordoit d'abord le premier; il marchera en colonne en retraite, paffant le pont ou la digue; & dès que fes dernières compagnies auront débouché, elles marcheront, l'une à droite, l'autre à gauche, chacune l'étendue de fon front déployé : puis elles déploieront, celle de manche droite *à droite*, celle de manche gauche *à gauche;* & fitôt que les premières auront paffé, elles déploieront auffi à l'ordinaire.

# TITRE XIV.
## Paſſage des lignes.

. . . . . . . . . . . . . . . . . . . . . . . . . . . . . . . . . . . . . . . . . .
. . . . . . . . . . . . . . . . . . . . . . . . . . . . . . . . . . . . . . .

Sɪ la première ligne étant déployée, on veut la remplacer par la deuxième, qui elle-même ne l'eſt pas, au commandement, *en première ligne , marche ,* la deuxième marchera, juſqu'à ce qu'elle ait porté ſes fannions dans l'alignement, & elle entrera dans les petits invervalles de la première.

Alors les Grenadiers & Chaſſeurs de première , marcheront en avant quelques pas, pour ſe trouver alignés avec ceux de deuxième , qui ſont ſur le front de leurs bataillons ; & en même tems ils ſe jetteront un peu à droite ou à gauche, s'il eſt néceſſaire , pour donner plus de liberté aux petits intervalles, dont quelques-uns peuvent ſe trouver trop ſerrés.

Cela fait , & les fannions alignés, on commandera, *deuxième ligne , déployez , première ligne en retraite, colonnes.* A cet avertiſſement répété, par chacun des Officiers ſupérieurs, pour ce qui le concerne , on préparera les deux manœuvres, l'une en rapprochant les ſections & déployant les Grenadiers & Chaſſeurs ſur les flancs de leurs bataillons, l'autre en les faiſant marcher par le flanc, & recouvrir le dernier peloton de la manche au flanc de laquelle ils étoient.

Enſuite au commandement *marche,* répété par tous les Officiers ſupérieurs , tous les bataillons de deuxième ligne déploieront *( Titre IX , article 6 )*, tandis que tous ceux de la première formeront la colonne en retraite *(Titre XII, article 6 )*: & lorque la deuxième fera entièrement déployée, la première entièrement reployée fe portera à cent cinquante pas en arrière.

Par le détail de ces deux manœuvres : on voit 1.° Que les Grenadiers & Chaffeurs de première ligne, marchant par le flanc, s'approchent de leurs fannions, immédiatement fuivis par les Grenadiers & Chaffeurs de deuxième ligne, qui s'éloignent de même des leurs : 2.° Que le déploiement eft moins rapide qu'à l'ordinaire, ne pouvant aller plus vîte que le reploiement qui lui rend le terrein : 3.° Que tous les Grenadiers & Chaffeurs couvrent conflamment les parties manœuvrantes des deux lignes, ainfi que les petites trouées qui font entr'elles, de forte qu'aux yeux de l'ennemi, la ligne eft toujours contiguë : 4.° Enfin, qu'elle fournit continuellement du feu des parties de deuxième ligne déjà déployées, des parties de première non encore reployées, même des Grenadiers & Chaffeurs, dans les fréquentes petites ftations *(Titre XII, article 6 )*, que font ceux de la deuxième, auffi-bien que ceux de la première.

# TITRE XV.
## *Changement de pofition.*

LE changement de pofition d'une ligne, pour chaque bataillon en particulier, n'eft point une manœuvre, mais feulement une marche qu'il fait dans fon ordre ordinaire, & par conféquent en défenfe à tous les inftans; n'ayant autre foin que de fe pofter à la place qui lui eft deftinée, & qui encore pour plus de facilité lui eſt d'avance marquée par un Adjudant *( treizième Règle générale , Titre IX , article 6 ) :* il ſuffira donc ici de donner ſur cet objet quelques obſervations générales.

1.º Pour tout changement de poſition oblique, on n'a pas beſoin de le commander, & il ſuffit qu'il ſoit indiqué par le changement de direction des ſannions du bataillon d'alignement.

2.º Tout changement de cette eſpèce ne diffère en rien du changement de direction d'une ligne en marchant *( Titre XI, article 2 ),*; car dans l'exemple qui y eſt indiqué, le mouvement de la droite eſt un véritable changement de poſition de pied-ferme, puiſque juſqu'à ce qu'il ſoit fini, le bataillon d'alignement ne bouge, quant à la gauche : elle a attendu, parce qu'elle ſavoit que ce bataillon alloit marcher ; mais s'il en étoit autrement, on voit que tous les bataillons marchant par les derniers rangs, ſe porteroient en arrière ſur la ligne de direction, comme ceux de la droite en avant, d'ailleurs abſolument de la même manière.

3.º Si l'on veut non-ſeulement changer la poſition de la ligne, mais en même temps la porter plus à droite ou à gauche, on conçoit que la manœuvre ne diffère pas de la précédente ; ſinon en ce que le bataillon d'alignement, non-ſeulement change de direction, mais encore marche par la droite ou la gauche, & que la ligne ſuit ſon mouvement.

4.º Dans un changement de poſition de cette eſpèce, il faut prendre pour bataillon d'alignement, celui qui ſe trouve au point d'interſection des deux poſitions ; pour l'établir ſur la nouvelle direction, l'y faire marcher par la droite ou

par

par la gauche, la ligne le fuivant jufqu'à ce qu'il s'arrête; & qu'alors la manœuvre s'achève comme changement de pofition de pied-ferme.

5.º Dans ces grandes manœuvres, les Grenadiers & Chaffeurs marcheront dans les intervalles, à hauteur de deuxième fection, & doublés par tiroirs, pour moins embarraffer le front & l'alignement.

6.º Les changemens de pofition perpendiculaires ne peuvent pas, comme les obliques, fe faire fans commandement; mais ils font encore plus fimples, plus nets, & tellement faciles, qu'il eft impoffible, dès qu'on en connoîtra l'objet, d'y trouver aucun embarras.

7.º En général, pour ces changemens perpendiculaires, il y a deux moyens, 1.º on peut faire faire à tous les bataillons en même-temps, le changement de front, fuppofé *à droite;* enfuite fi la nouvelle pofition eft en arrière de la première, le premier bataillon à compter par la droite s'y étendra, marchant par le flanc; tous les autres fuivront, & feront *à droite* au même point. Si au contraire la nouvelle pofition eft en avant de la droite de la première, toute la ligne devenue colonne, rapprochera fur le bataillon de fa droite, qui eft à la tête, puis fe développera par fa gauche, manœuvrant comme jumelle gauche; *(Titre X, article 4)* 2.º on peut s'y prendre autrement, portant chaque bataillon de la première pofition à fa place dans la deuxième, par le plus court chemin, & lui faifant faire fon changement de front en marchant. Cette deuxième manière demande plus de liberté de terrein, eft un peu moins nette, *& n'abrège pas autant qu'on pourroit le croire.*

8.º Un changement de pofition perpendiculaire & central,

L

ne diffère en rien de celui que fuppofe l'obfervation précédente, fi on le confidère féparément par rapport aux deux parties de la ligne, defquelles feulement l'une a à manœuvrer en arrière & par les derniers rangs des bataillons.

9.° Le grand ufage des changemens de pofition perpendiculaires, fe trouvera dans les changemens d'ordre de bataille, & autres grandes manœuvres en corps d'armée, lorfque des parties de ligne pafferont du parallèle au perpendiculaire. Les changemens de cette efpèce feront encore plus fimples que les précédens; puifque les bataillons n'auront pas à changer de front, mais feulement à marcher quelque temps par la droite ou la gauche, puis fe remettre de front, pour marcher en ligne perpendiculaire, à la fuite d'un bataillon indiqué. L'effet de ce moyen, pour varier la difpofition, même en arrivant fur l'ennemi, renforcer des parties de ligne, en refufer d'autres, éviter des terreins trop difficiles ou trop défendus, & s'attacher aux points convenables, &c. Ce moyen, dis-je, donnera à la ligne une grande facilité pour mettre en action toutes les armes, & s'accommoder fans effort de toute efpèce de terreins.

# TITRE XVI.

## Feux.

ON fe bornera encore fur cet objet à quelques obfervations générales.

On ne fera jamais en marchant d'autre feu que celui des Grenadiers & Chaffeurs, les bataillons déployés ne connoîtront que le feu de files.

Dans ce feu, le troifième rang ne fe contentera pas d'avancer le pied gauche contre celui du fecond rang, & de plier le genou; mais il portera la jambe & le haut du corps entre les deux files; & c'eft pour lui ménager cette facilité, que dans cet ordre déployé, fait uniquement pour le feu, on a donné au Soldat plus d'aifance, qu'on n'avoit pu le faire, lorfque le même ordre fervant pour la marche & la manœuvre, on étoit obligé d'y tenir les files plus exactement ferrées.

Comme, dans l'ordre déployé, on ne doit pas avoir la bayonnette au fufil, cette arme pèfera moins du bout, & fera mieux à la main; profitant de cette aifance, le premier rang pour mettre en joue n'aura pas la main gauche à la première capucine, mais rapprochée contre la platine, ce qui l'expofera beaucoup moins à fe faire caffer le poing par l'homme du troifième.

Ces deux légers changemens achèveront de perfectionner le feu de files, établi avec raifon, & de faire difparoître les inconvéniens & dangers dont il n'étoit pas entièrement exempt.

# TITRE XVII.

## Colonne & Feu contre la Cavalerie.

UN bataillon étant près d'être chargé par la Cavalerie, on fera ces commandemens :

S. 1. *Bataillon, à quatre fronts, rapprochez.*

S. 2. *Marche.*

L ij

*S.* 3. *Manche droite, à droite.*

*S.* 4. *Marche.*

*S.* 5. *Halte.*

*S.* 6. *De quatre côtés, front.*

Le premier n'eſt qu'avertiſſement.

Au deuxième, les ſections rapprocheront, mais laiſſant entre la deuxième & troiſième la place de deux rangs ferrés, ou trois pieds, aux autres intervalles la place d'un rang ſeulement, & lorſque chacune ſera arrivée à ce point, ſon chef lui commandera *halte, alignement.*

Au troiſième, la manche droite ſera *à droite.*

Au quatrième, elle marchera; & s'arrêtera au cinquième, qui lui ſera fait dès qu'elle aura fait ſix pas.

Au premier avertiſſement, les Grenadiers & Chaſſeurs doubleront par tiroirs, en même-temps celui de leurs pelotons qui étoit au flanc droit, ſe portera un peu en avant du front, pour ne pas gêner le mouvement de la manche; puis marchera par la gauche quelques pas; puis en retraite pour entrer dans la petite rue; où il ſe remettra de front, & s'alignera ſur le premier rang du bataillon, ayant ſes Officiers à ſes flancs, & laiſſant vacante dans leurs files une place au premier rang.

Le peloton qui étoit au flanc gauche, ſe placera de même à la queue, dans la petite rue, aligné ſur le dernier rang du bataillon, & laiſſant vide dans ſes files d'Officiers & Sergens une place au dernier rang.

Dans ce qui reſtera de vide de la petite rue, ſe placeront les Tambours, les drapeaux & l'État-major.

Au cinquième commandement, les Capitaines des premiers pelotons des manches, se placeront à la place restée vide, dans la file d'Officiers du peloton de Grenadiers ou Chasseurs: le reste des Officiers & bas Officiers de ces pelotons, filera dans le petit intervalle qui les sépare des suivans dans l'ordre où ils se trouvent, excepté le Lieutenant qui se placera le dernier à la file extérieure.

Les Officiers des seconds pelotons des mêmes compagnies, fileront de même dans l'intervalle laissé derrière eux, le Capitaine restant à la première file; les Officiers de troisième section, fileront comme les précédens & dans le même intervalle, sur le front de cette section.

Enfin les Capitaines de dernière section, se placeront comme ceux de la première, avec les Officiers de Grenadiers ou Chasseurs, les Officiers & Sergens filant dans le petit intervalle sur le front de cette section, & le Lieutenant restant à la première file.

Le bataillon ainsi arrangé, s'il est chargé par la Cavalerie, fera le *feu de colonne,* employé dans cette seule occasion, & le seul aussi qui se fasse ayant les baïonnettes.

Ce feu se fera du front, par les premiers tiroirs ou trois premiers rangs ; de la queue, par les derniers; de chaque flanc, par le reste de cette tranche.

Pour cela l'Officier supérieur commandera *tête (* ou *queue,* ou *flanc droit,* ou *flanc gauche ), armes, joue, feu;* & à ce commandement, le premier rang, ou la première file ( ou les deux premières files, si les tranches sont de quatre ) mettront genou à terre; & les trois rangs ou quatre files tireront ensemble en salve.

La Cavalerie arrivant avec sa rapidité accoutumée, il ne

faut pas fonger à plus de deux falves, dont la première à quatre - vingts toifes, & la feconde à dix - huit ou vingt : l'Officier fera donc fes commandemens lorfqu'elle fera à cent & à quarante toifes, parce que dans les quatre à cinq fecondes qu'il y emploiera fans trop fe preffer, la Cavalerie parcourra vingt toifes.

Cependant le refte du bataillon ne bougera, ne faifant qu'appuyer ; fi pourtant à la feconde falve l'ennemi ne fuit pas, l'Officier fupérieur, qui aura prévenu d'avance les féconds tiroirs ou tranches, de bien ajufter le Cavalier lorfqu'ils le verront par-deffus leurs premiers rangs, & de ne pas fe preffer, commandera, *fecond tiroir ( ou tranches )* *armes, joue, feu.*

La Cavalerie fuppofée repouffée, & le bataillon en attendant une feconde charge voulant gagner du terrein, l'Officier fupérieur commandera :

1. *En avant* { ou *en arrière*, ou *par le flanc droit*, ou *par le flanc gauche*.

2. *Front.*

3. *Marche.*

L E premier ne fera qu'avertiffement :

A u fecond les faces qui ne font pas fur le front indiqué s'y remettront par un *à droite*, ou un *à gauche*, ou un *demi-tour à droite.*

A u troifième, tout marchera, dans l'état où on fe trouve & fans rien déranger : feulement les Grenadiers & Chaffeurs, qui dès le premier commandement auront marché vivement fix pas au moins pour fortir de la rue, fe tiendront en dehors marchant de front ou par le flanc ; en même temps la file d'Officiers de chaque peloton, reprendra fa place de manœuvre ;

& lorfqu'on s'ébranlera en avant ou en arrière, la feconde fection marquant trois pas, la troifième cinq, & la dernière huit, rétabliront leurs petites diftances ordinaires : fi l'on marche par un flanc, ce ne feront pas les fections, mais les tranches gauches ou droites de chaque manche, qui marqueront trois pas.

Lorfque marchant ainfi, on fera menacé d'une nouvelle charge, au commandement, *bataillon, halte*, les fections ou tranches fe refferreront, & en un inftant le bataillon fera remis dans l'ordre de défenfe où il étoit. Après quoi l'Officier fupérieur fera les commandemens, *de tous côtés, front*.

Si dans la circonftance fuppofée, on a deux bataillons au lieu d'un, on ne fera autre chofe que de les placer l'un à côté de l'autre, laiffant entre eux une rue de largeur égale à leur front ; fermée en tête & en queue, comme on vient de voir, par les Grenadiers & Chaffeurs. Dans ce cas, la manche droite du bataillon de la droite, & la manche gauche du bataillon de la gauche, manœuvreront, comme il vient d'être expliqué ; l'autre manche reftant dans fon état accoutumé, fuivant feulement le mouvement de la manche extérieure, l'appuyant, & faifant front avec elle.

Il y a cependant une légère différence pour les Capitaines des premiers & derniers pelotons, qui n'iront pas chercher la file des Officiers de Grenadiers ou Chaffeurs, parce qu'ils ne feroient plus avec leurs pelotons.

Si on a quatre bataillons, ils fe formeront de même en deux colonnes ; les Grenadiers des premiers fermant la tête de la rue ; ceux des derniers fermant la queue. Entre les deux bataillons du même côté, lorfqu'ils feront ferrés,

il fe trouvera une rue croifant la première, & qui fera
pareillement fermée par les Chaffeurs: & lorfqu'on voudra
marcher de front, ces Chaffeurs fortant en dehors de cette
rue, la laifferont libre, pour l'alongement des premiers
bataillons, qui prendront les diftances de leurs fections ;
comme en marchant par le flanc, les Grenadiers laiffent
libre la leur pour l'alongement du front, prenant les diftances
des tranches.

Un nombre quelconque de bataillons, s'arrangeroit de
même, toujours en deux colonnes jumelles.

www.ingramcontent.com/pod-product-compliance
Lightning Source LLC
Chambersburg PA
CBHW070853280326
41934CB00008B/1419